LECTURAS PARA ESTRENARSE EN FILOSOFÍA

DIÁLOGO

© EDITILDE, S. L.
C/. General Urrutia, 12, 10ª. 46006 Valencia
Tel. y Fax: 96 316 30 14
E-mail: editilde1@wanadoo.es
www.editorialdialogo.es - www.tilde.es

1ª edición: Abril de 1999
2ª edición: Octubre de 2003
4ª reimpresión: Noviembre de 2011

Portada: Pablo Vilana Taix

I.S.B.N.: 978-84-95333-58-2
Depósito legal:V-3648-2011

Imprime: Guada Impresores
Impreso en España / Printed in Spain

ÍNDICE

PRESENTACIÓN

El libro que el lector tiene en sus manos, LECTURAS PARA ESTRENARSE EN FILOSOFÍA, forma parte de la serie «Pensar Filosofía», de la colección TÁBANO. Es esta una serie de libros que pretende iniciar en el pensar filosófico a todos aquellos que, ya por obligación —estudiantes de bachillerato—, ya por interés personal, se aproximan a este saber que denominamos filosofía. La serie, pues, abarcará en sucesivos números las diversas especializaciones de la filosofía: lecturas de ética, de antropología, de filosofía de la ciencia, etc.

Estos libros tienen un carácter divulgativo —que no vulgarizador—, y están presididos por un intento de claridad y, a la vez, de rigor. Su propio título genérico «*Lecturas para estrenarse en...*» ya declara de partida su carácter de iniciación, por lo que se ha soslayado la vertiente estrictamente académica, la cual se presenta con demasiada frecuencia encorsetada en exposiciones históricas y eruditas, cargadas de expresiones excesivamente técnicas. Así, hemos optado por la presentación de unos escritos de diversos autores, todos ellos profesores de filosofía de enseñanza secundaria y bachillerato, sobre temas fundamentales de la disciplina, y que son una invitación a la reflexión personal y al diálogo, y no temas a aprender y seguir acríticamente. El objetivo último es que el lector dispute con el texto y elabore su propio pensamiento, el cual no tiene por qué ser, ni mucho menos, coincidente con lo aquí expuesto. Las actividades que siguen a cada capítulo —PARA SEGUIR PENSANDO...— son propuestas tanto para confirmar lo aprendido como para seguir adelante.

El lanzamiento de esta colección está presidido por varios convencimientos que consideramos necesario hacer explícitos, pues son de carácter filosófico y, por tanto, deben formar parte de las mismas lecturas y ser sometidos, igual que estas, a la crítica y a la discusión.

En primer lugar consideramos la filosofía como una reflexión sobre el ser humano y su vida en el sentido más amplio y radical del término. El ser humano posee la capacidad de autorreflexión y autoanálisis, es capaz de autoconocimiento, se interroga sobre el propio vivir, su realidad y su sentido. Es, por tanto, un ser con capacidad de dirigir autónoma y responsablemente su propia existencia. En segundo lugar, es un ser de convivencia, lo cual es un paso más allá del ser social. Los seres humanos no viven, ni pueden vivir, aislados ni solos, si quieren desarrollar una vida y una realidad auténticamente humanas. Esto les convierte en seres de acción y comunicación. Finalmente es un ser de conocimiento, un ser cuyas capacidades le llevan a pretender saberlo todo, tanto sobre sí mismo y sus posibilidades, sobre los otros y sus relaciones con ellos, como sobre la naturaleza. En suma, un ser que aspira a la comprensión del mundo, entendiendo éste como el conjunto de todo lo existente y todo lo creado por el ser humano, tanto en el terreno material como en el de las ideas.

El segundo convencimiento se refiere a la importancia del instrumento de la reflexión filosófica: la Razón. Por una parte, capacidad para acceder al mundo, para adentrarnos en él y comprenderlo. Por otra, *Logos*, lenguaje, capacidad para relacionar ideas y para comunicarlas, capacidad de argumentar, de dar razones, comprensibles y discutibles, del porqué de lo que decimos o hacemos. Razones que nacen desde nosotros mismos, sin una tutela superior, esto es, una fe sustentada en revelaciones divinas, autoridades incontestables o tradiciones indiscutibles que se imponen a la humanidad como inviolables guías de conducta y de verdad. Concebimos, pues, la razón como un instrumento de ilustración. Ilustración en sentido kantiano: liberación del hombre de su culpable incapacidad: «*...La incapacidad significa la imposibilidad de servirse de su inteligencia sin la guía de otro. Esta incapacidad es culpable porque su causa no reside en la falta de inteligencia sino de decisión y valor para servirse por sí mismo de ella sin la tutela del otro. ¡Sapere aude! ¡Ten el valor de servirte de tu propia razón! He aquí el lema de la Ilustración*». Razón como instrumento de la mayoría de edad y de liberación, que nos posibilita una vida propia, autónoma, y nos convierte en seres de vida responsable.

El tercer convencimiento es que la filosofía no es un saber exclusivamente de especialistas, un discurso expresado en un lenguaje técnico ininteligible e inhóspito para el no iniciado. Es más bien una actitud, un modo de vida cotidiano que calificamos de consciente, reflexivo y responsable, y para el que sólo hace falta saberse «mayor de edad», tener el atrevimiento de asumir la propia existencia, estar atento y tener siempre a flor de piel la fascinación y la curiosidad por la vida.

Por todo ello pensamos que es posible y necesario un discurso filosófico accesible al lego en la materia, al ciudadano de a pie interesado, al joven estudiante que se inicia en los asuntos de esta disciplina o que simplemente desea conocer qué es esa tradición cultural occidental que llamamos filosofía. Y pensamos que es posible por medio de lecturas sencillas y amenas, lo cual no significa exentas de calado filosófico. Y esto puede ser así, porque la filosofía no tiene un vehículo propio y exclusivo de expresión, el ensayo filosófico, sino que también se transmite mediante la novela, la narración, el diálogo, el artículo, etc. De esta manera hemos reunido varios textos, de carácter y autores diversos, que podríamos englobar bajo la etiqueta temática, a veces de frontera difusa, que llamamos filosofía. De cualquier manera hemos intentado hacer nuestro ese viejo dicho, al parecer tantas veces olvidado, que reza «*la claridad es la cortesía del filósofo*». Confiando que así sea, sólo nos queda desear una lectura placentera y provechosa.

¿Y... QUÉ ES LA VERDAD?

TOMÁS MIRANDA ALONSO

Al acabar la clase de inglés, María se quedó en el aula mirando por la ventana. Era una mañana del mes de febrero y el cielo estaba cubierto por una densa colcha gris plomizo, que se colaba hasta el último rincón del instituto. En los pasillos había menos jaleo que de costumbre, pues la oscuridad del día y el cansancio del fin de semana producían en los estudiantes un estado de somnolencia, que últimamente caracterizaba el ambiente de los lunes. María seguía dando vueltas a los pensamientos con los que había estado ocupada la tarde anterior mientras oía música tumbada en su cama. ¿Por qué Juan tuvo que decirle precisamente la noche anterior que la quería, cuando ella más confusa estaba acerca de sus sentimientos hacia él? Era verdad que últimamente se encontraba muy a gusto a su lado, que se habían ayudado mucho preparando trabajos juntos, que se habían contado cosas de sus vidas que nadie más sabía, era verdad que físicamente también le gustaba, había química entre ellos, pero... ¡era tan odioso otras veces! Cuando en clase Juan tomaba la palabra parecía tan seguro de lo que decía que el que no estaba de acuerdo con él se sentía descalificado. Su cabeza era como un gran mueble con un montón de cajones en donde todo estaba en su sitio, y en donde no había lugar para la duda, la inseguridad, la vacilación. Aquella seguridad con la que tantas veces hablaba de todo era insultante, pues hacía que los demás se sintieran tratados como inferiores. En estas ocasiones ella experimentaba una fuerte sensación de rechazo... ¡no podía soportarlo! Él estaba seguro de sus sentimientos hacia ella y no podía entender las dudas de ésta acerca de los suyos con respecto a él. Cuando Llanos, la profesora de Filosofía, entró en el aula, María se estaba preguntando cómo podría saber cuáles eran sus verdaderos sentimientos hacia Juan, cómo podría saber si era verdadero amor lo que sentía por él. ¿No sería posible que el modo con que él se comportaba en estas ocasiones fuera una máscara utilizada para intentar defender su verdadera forma de ser? ¿Podría llegar a conocer al verdadero Juan, al Juan sin máscaras?

Llanos había seleccionado algunos textos para invitar a sus estudiantes a reflexionar sobre aspectos relacionados con los conocimientos que el ser humano tiene. Quería empezar leyendo algunos episodios de *El Quijote* en donde se plantean problemas referentes a la distinción entre realidad e ilusión, percepción e imaginación, literatura y vida, para interesar al alumnado en la discusión de estas cuestiones. Había estado parte del fin de semana preparando materiales que sirvieran para animar la reflexión y el diálogo filosófico en su clase, y aquella mañana llegó al aula con grandes expectativas y fuerzas renovadas, pues, a pesar de ser ya una profesora veterana, aún no había perdido la creencia en el valor y en la posibilidad de hacer algo interesante con sus alumnos, es decir, algo que pudiera responder a los intereses más verdaderamente humanos, aquellos que tienen que ver con la posibilidad de una vida más digna del ser humano, de sus jóvenes y de ella misma. Pero cuando, cerrando la cartera, levantó la vista, se encontró con ojos cubiertos por un velo de cansancio, de apatía, velados por una membrana de alejamiento y de tedio. Llanos sintió un nudo en el pecho que asfixiaba sus entrañas. La frustración que experimentó por un momento le resecó la garganta. ¿Sería capaz ella de conectar con aquellas personas que, quizá, estaban en otra onda y con otras preocupaciones?

Antes de que los textos fueran repartidos a todos, la puerta del aula se abrió y entró el jefe de estudios con cara de pocos amigos. Era una visita que toda la clase, excepto la profesora, estaba esperando con preocupación. Quería saber quiénes habían sido los que habían destrozado el aseo del pasillo. Después de hacer unas reflexiones sobre el vandalismo que últimamente se estaba produciendo en el instituto, les advirtió que si no aparecía el culpable, entonces todos iban a ser castigados y no podrían participar en la excursión a la nieve que se celebraría en la semana blanca. Tanta culpa tienen —dijo en medio de un silencio sepulcral— las personas que han realizado estos actos, como los que, sabiéndolo, no dicen la verdad, evitando, así, que sus compañeros inocentes sean castigados. Comunicó que cada uno de los chicos y chicas de la clase iban a ser llamados individualmente a su despacho para que dijeran lo que sabían sobre todo esto.

—No es justo que paguen inocentes por culpables —dijo Nacho indignado, cuando el jefe de estudios se marchó.

—¿Cómo voy a denunciar a un amigo, aunque sepa que ha sido él el que ha destrozado el baño? —preguntaba al resto del grupo Belén.

—Sí, pero si, sabiéndolo, no se lo dices al jefe de estudios, estás condenando a los demás a un castigo que no merecen —dijo Nieves, quien ya había conseguido de sus padres el permiso para ir a esquiar.

—Llanos —preguntó Pablo— ¿tú crees que alguien estaría obligado a decirle la verdad al jefe de estudios si supiera que había sido su amigo el causante de los destrozos, o, por el contrario, acaso no hay situaciones en que uno no debe decir la verdad?

— Es más —dijo súbitamente Ana, como si se acabara de dar cuenta de algo importante— ¿para qué quiere el jefe de estudios saber la verdad a cualquier precio sino para que su autoridad no disminuya y mantener incuestionado su poder? La creencia de la posesión de la verdad va unida demasiadas veces al deseo de mantener un poder que se ejerce contra la naturaleza o contra los demás seres humanos.

—¡Uaaauuuh! —exclamó Javi, cuando Ana acabó de hablar—. ¿Por qué quieres ver siempre más pies al gato, de los que tiene?

Casi toda la clase sonrió con benevolencia, pues ya estaba acostumbrada a las intervenciones, siempre críticas, de su compañera.

—No es así —contestó María, quien aún no había podido desprenderse de sus particulares preocupaciones—. El ser humano tiende por naturaleza a buscar la verdad para así poderse orientar en la vida..., el problema es que no es fácil encontrarla.

—La verdad..., pero ¿qué es la verdad? —preguntó Luis—. ¿Acaso podemos saber la verdad? Cada uno tiene su verdad y ninguna es mejor o peor que la de los otros. Yo tengo mi verdad y a mí me vale, sólo os pido que me la respetéis, como yo respeto la de cada uno de vosotros. Es más, creo que los seres humanos no van detrás de la verdad, sino que lo único que quieren es vivir, mejor dicho, sobrevivir, ir «tirando» en medio de un mundo complicado y difícil, y para ello necesitan muletas, cada uno las suyas..., esas muletas son las creencias que cada uno acepta como verdaderas: lo de menos es cómo sean los hechos, lo importante es que mis creencias me sirvan para vivir, como lo importante de un gato no es decidir si es negro o blanco, sino que cace ratones.

—Y entonces, ¿cómo explicas, por ejemplo, el trabajo de los científicos, o el de los detectives, o el de los jueces, que se esfuerzan constantemente por conseguir que aquello que descubren sea la verdad? —preguntó Nieves.

En aquellos momentos el aula era un hervidero de murmullos en donde los estudiantes comentaban con sus compañeros más próximos alguna de las cuestiones que se habían planteado desde la entrada del jefe de estudios. La profesora consideró que se le ofrecía una excelente ocasión para animar una discusión sobre la verdad, tema que estaba en estrecha relación con el problema del conocimiento que ella quería introducir aquella mañana.

—Atended, un momento —dijo elevando la voz—. Os propongo discutir con orden las cuestiones que vosotros mismos habéis planteado hasta aquí. La pregunta inicial ha sido si el ser humano desea conocer la verdad y para qué, y de aquí habéis llegado a cuestionar si podemos conocer la verdad. Luis se pregunta qué es la verdad y parece que niega la posibilidad de alcanzarla, ¿no es así?

—Más o menos..., lo que yo quiero decir es que nadie puede conocer la verdad —volvió a tomar la palabra Luis—, por lo tanto, o la verdad no existe, o, si existe, no puede ser conocida.

No bien hubo terminado de hablar, Juan intervino con la seguridad del que había sorprendido al impostor con las manos en la masa:

—Luis, tú te estás contradiciendo, pues vienes a decir que es verdad que no existe la verdad... ¿en qué quedamos?

—Yo creo que lo que Luis dice —afirmó entonces Isa— se relaciona con eso tan famoso de que nada es verdad ni es mentira, todo es del color del cristal con que se mira. Todas las cosas pueden verse de mil maneras distintas, siendo válidas todas ellas. Y es más, si nuestros padres tuvieran en cuenta este principio dejarían de darnos continuamente la paliza con lo que, según ellos, tenemos que hacer o dejar de hacer, con lo que es bueno o malo, con lo que es verdadero o falso; no se dan cuenta de que mi verdad vale tanto como la de ellos y me quieren imponer la suya.

Al llegar a este punto pareció que la clase entera estaba de acuerdo y que el diálogo había llegado al final. Llanos, dirigiéndose a Nacho, preguntó:

—¿Qué consecuencias se desprenderían del hecho de que nada fuera ni verdadero ni falso, que la valoración de cualquier hecho o de cualquier situación dependiera de la peculiar visión de cada individuo o grupo de individuos?

—Pues me imagino —dijo Nacho parándose a pensar durante unos instantes— que entonces no tendría sentido cuestionar ninguna opinión.

—Ni defender tus propias ideas —continuó Nieves—. Si nada es verdadero ni falso, ¿qué sentido tienen las revistas científicas en donde los investigadores tratan de convencerse mutuamente sobre la pretendida verdad de sus descubrimientos? ¿Y qué sentido tendría un tribunal de justicia intentando saber si verdaderamente el acusado es culpable o inocente? Bueno —añadió sonriendo—, y me imagino que tampoco tendría mucho sentido decir que las contestaciones de un examen son falsas, pues podrían ser verdaderas para el estudiante.

—¿Podríamos decir, pues, que el mismo hecho de que estemos aquí dialogando y dando razones para apoyar nuestras ideas no presupone ya, de algún modo, nuestra creencia en que algunas opiniones merecen ser defendidas más que otras? —preguntó Llanos—. ¿Podríamos otorgar valor de verdad a opiniones racistas y xenófobas, por ejemplo, simplemente por el hecho de que alguien las exponga diciendo que son «su verdad»?

Pablo llevaba bastante tiempo decidiendo si hablaba o no, pues no sabía si iba a ser capaz de expresar con claridad lo que estaba pensando. Por fin dijo un poco tímidamente:

—Yo creo que la verdad es la verdad, la diga quien la diga, y que una afirmación o es verdadera o falsa, de modo que o estás en la verdad o en la falsedad. Quiero decir, que si existe una verdad tiene que serlo para todo el mundo, y lo contrario de esta verdad será falso; y también pienso que las verdades no pueden cambiar. Otro problema distinto es cómo podemos nosotros llegar a conocer la verdad.

—Pues con la razón —contestó rápidamente Juan—. La realidad que nos rodea puede llegar a ser transparente a nuestra mirada, siempre y cuando sepamos mirar. Ocurre como cuando te dan un regalo envuelto en un montón de papeles y de lazos y tú quieres saber de qué se trata: basta con descubrir el paquete.

—Muy bien —intervino entonces Llanos—. Juan acaba de explicarnos muy gráficamente una concepción de «verdad» que tenían los antiguos griegos. Para alguno de ellos la palabra «verdad» significaba **«desvelamiento»** (*aletheia*, en griego), y se consideraba como una propiedad del ser, de la realidad, la propiedad de descubrirse, de desnudarse, ante la razón del ser humano. Por supuesto, se pensaba que algo en común tenía la realidad y la razón que permitía que aquélla pudiera hacerse patente a ésta y ser expresada por medio del lenguaje. Sin embargo, los **escépticos**, que mantenían una opinión cercana a la de Luis, negaban la posibilidad de llegar a una verdad definitiva, siendo la única postura coherente la de aquél que suspende el juicio ante cualquier cuestión. Esta postura era de algún modo cercana a la de los llamados **relativistas**, que admitían, como lo hacía Isa, que el ser humano no puede llegar a una verdad absoluta, pues toda verdad hace relación al modo de ser del ser humano, o del individuo, defenderían algunos, y entonces cabría decir eso de que cada uno tiene su propia verdad. Bien, pero hay otra manera de entender el término «verdad» y es cuando lo aplicamos no a la realidad sino a nuestro rigor en el decir («veritas», en latín). Por ello, os propongo ahora analizar qué queremos significar cuando de un enunciado decimos que es verdadero.

Isa, que no había perdido ni una palabra del discurso de Llanos, se removió en su asiento y, poniendo en orden sus ideas, con gran esfuerzo levantó por fin el brazo:

—Lo que yo quiero decir es que me dan miedo los que se creen que están en posesión de la verdad y no admiten que nadie se la cuestione. A lo largo de la historia ha coincidido demasiadas veces que estas personas han querido imponerse al resto de la gente que no pensaba como ellos, y algunos no han dudado en emplear la hoguera o las armas para ello. Incluso en nuestros días hay personas que se creen portadoras de verdades incuestionables, y eliminan a otras por no pensar como ellas.

—Eso es —dijo Ana con voz sonora—. Todos pertenecemos a grupos o a sociedades en donde se dan por supuestas unas verdades que nadie cuestiona, pues se las considera obvias. Así, en los partidos políticos hay creencias tan intocables que si alguien las pone públicamente en duda no «sale en la foto». En nuestra propia sociedad occidental aceptamos, sin la menor crítica, unas verdades sobre las que se fundamenta toda nuestra forma de vida y con las que se nos bombardea continuamente. Así, nadie cuestiona el ideal de progreso tecnológico, el de la acumulación del beneficio económico o la sacralidad de las leyes de mercado vigentes en nuestra sociedad, por ejemplo. Pero muy pocos se dan cuenta de que estas «verdades» pueden estar causando el dolor de muchos seres, de la mayoría de la gente que, por no tener, no tiene ni para comer. ¿Creéis, pues, que las mismas verdades pueden valer igual para los amos y los esclavos, para los poseedores y los desposeídos? Por ello, estaría de acuerdo con aquel poeta que dijo que la percepción de las cosas depende del dolor de quien las mira..., y del amor, añadiría yo.

Al llegar a este punto Llanos tuvo que intervenir para que cesaran los comentarios hechos en voz baja y las sonrisas de algunos estudiantes. Con un gesto de seriedad y dando dos suaves golpes en la mesa preguntó:

—¿Podríamos decir, entonces, que en la escuela deberíamos aprender no tanto un conjunto de verdades fijas y dogmáticas, sino a mantenernos en el camino de búsqueda de verdades provisionales, inciertas y revisables? ¿O pensáis que de algunas verdades no podríamos prescindir? ¿No creéis que hay algunas verdades, como que todos los seres humanos somos igualmente dignos, que deberían regir siempre nuestra conducta?

—Lo que la escuela nos tiene que enseñar —interrumpió Belén— es que las cosas pueden verse desde muchos puntos de vista, desde muchas **perspectivas**, y que nadie puede pensar que su perspectiva es la única posible. Creo que esta idea la defendía un filósofo español llamado **Ortega y Gasset**, lo leí el año pasado en el libro de ética. Entre el blanco y el negro hay un montón de tonalidades.

En aquellos momentos, María, reflejando en sus negros ojos la preocupación y las dudas que la invadían, tomó la palabra:

—Llevamos más de la mitad de la clase hablando de la verdad y sospecho que no siempre estamos utilizando este término con el mismo significado. Mi pregunta es: ¿qué entendéis por «verdad»?

Llanos aprovechó esta intervención para volver al planteamiento que antes hiciera:

—Ya hemos visto que un sentido de «verdad» era el de desvelamiento. Para que lo entendáis mejor: podríamos decir que cuando un amigo se nos desvela, entonces se nos muestra en su verdad. Pero, en otro sentido, la «verdad» también se dice como una propiedad de nuestro hablar. Por ello, ahora os invito a pensar en diferentes enunciados que consideréis verdaderos y a analizar si podemos establecer diferencias entre unos y otros, entre lo que entendemos por verdad en unos casos y en otros.

—A mí se me ocurre un ejemplo —dijo Carlos—. El enunciado «ahora es de día y estoy sentado en clase» es indiscutiblemente verdadero. El que dude de la verdad de este enunciado es que no está muy bien de la cabeza.

—Claro, ese enunciado es **evidente**, y su verdad se nos impone de algún modo —añadió Lucía.

—Y si pudiéramos disponer de un mecanismo que nos permitiera sacar conclusiones de este tipo de enunciados, podríamos conseguir un conjunto de conocimientos seguros, de los que podríamos estar **ciertos** —dijo Juan.

—El planteamiento del compañero —intervino Llanos—, es similar al de **Descartes**, quien intentó construir un sistema de conocimientos del que no cupiera la más mínima duda. Y para ello tenía que partir de verdades evidentes, de las que se **deducirían** las demás, algo así como ocurre en matemáticas. Pero, ¿vosotros creéis que no hay motivos para dudar de que estamos aquí sentados en clase? ¿Cómo sabéis que no estáis soñando?

Los estudiantes sonrieron al oír las palabras de la profesora y alguno dijo que deseaba que la clase de historia, en donde le habían dicho la nota del último examen, hubiera sido un sueño.

—Pero hay otro problema —señaló Isa elevando la voz para poder ser oída—. Muchas veces los mayores nos intentan imponer sus verdades diciéndonos que son evidentes. Por ejemplo, mi abuela piensa que es evidente que no le corresponde a mi hermano quitar la mesa porque es un varón..., bueno, porque es hombre, dice ella.

—Claro —intervino rápidamente Ana—, muchas veces consideramos evidentes nuestros propios prejuicios.

A Irene, que tenía la palabra pedida desde hacía un rato, por fin le llegó su turno:

—A mí se me ocurre otro ejemplo de enunciado verdadero: «la recta es la distancia más corta entre dos puntos». Este enunciado es verdadero porque... es verdad. O, si no, pinta dos puntos, y mira lo que pasa.

—¿Estáis todos de acuerdo con lo que dice la compañera? —preguntó Llanos—. ¿No habéis oído en las clases de matemáticas que existen **axiomas**? A ver, Irene, ¿qué crees tú que es un axioma?

—Quiero recordar que un axioma es un enunciado que se admite como verdadero, por ejemplo en geometría, y del que se deducen otros enunciados.

—Muy bien —respondió la profesora—. Así el enunciado que nos has dicho antes es un axioma de la geometría de **Euclides**, en donde se le considera verdadero junto con otros axiomas, de los que se deducen, como tú dices, otros enunciados, llamados **teoremas**. Entre unos y otros tiene que haber **coherencia**, es decir, ausencia de contradicción. Esto es, un teorema se considera verdadero no tanto porque se corresponda con los hechos o con el mundo sino por ser coherente, o sea, no contradictorio, con el resto de axiomas y teoremas del sistema al que pertenece. Incluso, me imagino que sabéis, que existen geometrías en donde se parte de axiomas distintos de los de **Euclides**, geometrías en donde no es un axioma que la recta es la distancia más corta entre dos puntos. Pero dejemos por el momento esta cuestión. ¿Se le ocurre a alguien algún otro enunciado cuya verdad le parezca indiscutible?

—Sí, a mí, contestó Nacho. Hay enunciados que parecen que no pueden ser falsos, o sea, que necesariamente son verdaderos. Estoy pensando en un ejemplo que ya he oído en alguna ocasión: «el todo es mayor que las partes que lo componen».

—¿Puede existir algún mundo en donde este enunciado sea falso? Podríamos decir que ese mundo no sería lógico —dijo Llanos—. Sin embargo, cabe pensar un mundo en el que no fuera verdad que la luna fuera el satélite de la Tierra. Así, el enunciado de Nacho, o «ningún soltero está casado», parecen verdaderos en función del significado de las palabras que contienen y por ello algunos autores los llaman **tautologías** (porque el predicado dice lo que ya estaba contenido en el sujeto). Los enunciados como «la luna es el satélite de la Tierra» suelen ser llamados **sintéticos**, porque el significado del predicado no está contenido en el del sujeto.

Al llegar a este punto eran evidentes los síntomas de cansancio en los estudiantes, pues aquel día la clase estaba durando algo más de lo habitual, debido a que el profesor de la hora siguiente le había pedido a Llanos que permaneciera en este grupo hasta que él acabara un examen en otra aula. De pronto, como si hubiera tenido una ocurrencia que pudiera recuperar el interés por seguir con la discusión, la profesora volvió a tomar la palabra, con una sonrisa que constituía un reto:

—¿Pero realmente estáis tan seguros de que siempre es verdad el enunciado «el todo es mayor que las partes»? Me acabo de acordar de una intervención que tuvo Juan de Mairena, y que nos cuenta **Antonio Machado**, en su clase. Pues resulta, como sabéis, que la serie par es la mitad de la serie total de los números, siendo la serie impar la otra mitad. Pero tanto la serie par como la serie impar son infinitas, como también lo es la serie total de los números. Luego la serie par y la serie impar son ambas, y cada una, iguales a la serie total de los números. ¿Es tan claro, pues, como vosotros creéis, que el todo sea mayor que la parte? Pensad hasta que os hiervan los sesos. Aprovechad los cinco minutos que hay entre esta clase y la siguiente.

Cuando sonó el timbre por segunda vez los estudiantes volvieron al aula con la excitación propia de haber estado discutiendo acaloradamente entre ellos sobre la cuestión que les planteara la profesora.

—¿Qué tal? ¿Habéis llegado a alguna solución del enredo? —empezó diciendo Llanos—. De cualquier modo lo que me interesa ahora es que sigáis analizando enunciados que os parecen verdaderos.

Al instante, como si hubiera estado deseando que se reanudara la cuestión, María tomó la palabra:

—Yo quiero volver a aquellos enunciados cuya verdad parece consistir en su **correspondencia** con los hechos. Me refiero a la afirmación de que la luna es el satélite de la Tierra o de que las paredes de esta clase son blancas. ¿A qué se debe, si no a su acuerdo con la realidad, la verdad de estos enunciados? No sé dónde he leído que **Aristóteles** entendía así la verdad.

—Bueno —interrumpió Pablo sonriendo—, yo no afirmaría con tanta seguridad que las paredes de nuestra aula sean blancas, y menos las de los aseos, pero, hablando ya en serio, hay verdades que nos dicen cómo son en sí mismos los objetos, o sea, **verdades objetivas**, y que no dependen de nuestros gustos o apreciaciones subjetivas. Las ciencias, por ejemplo nos dan un conocimiento objetivo, nos proporcionan, podríamos decir, verdades objetivas. Una verdad de este tipo sería, que los planetas giran alrededor del sol describiendo elipses.

—Un momento— intervino rápidamente Luis—, pero no siempre se ha pensado así: antes de Copérnico se creía que era el sol el que daba vueltas alrededor de la Tierra. ¿Acaso no fueron refutadas algunas proposiciones de Newton por otras de Einstein? Lo que los científicos consideran hoy como verdadero puede ser falso mañana.

—Pero eso no contradice mi postura —respondió Pablo—. Por supuesto que los científicos se pueden equivocar al defender ciertas ideas, pero sus enunciados pretenden describirnos cómo es la realidad, aunque en ese intento se vayan equivocando y, a su vez, corrigiendo; lo que ellos afirman tiene que estar probado, tiene que estar contrastado con la experiencia.

Javi, que estaba comentando algo con Irene en voz baja, levantó, por fin, la mano:

—El otro día oí algo en la clase de Física, de lo que no me acuerdo muy bien, pero que creo que viene a cuento. La profesora venía a decir que no se podía decidir si el electrón era de naturaleza ondulatoria o corpuscular, pero que incluso eso era lo de menos, ya que en unas ocasiones hay que considerarlo como onda y en otras como corpúsculo para resolver determinados problemas. Si esto es así, no sé si tiene mucho sentido decir que al científico le interesa saber cómo es la realidad.

—Buena intervención, Javi —dijo Llanos—. De hecho, las personas que se dedican a pensar sobre el conocimiento científico han discutido sobre si la ciencia hay que entenderla como una especie de copia de la realidad, en donde ésta quedara descrita de algún modo, o si más bien no habría que entenderla como un instrumento que nos permite explicar y predecir fenómenos con el fin, principalmente, de controlarlos. Pero dejemos de momento esta cuestión y pasemos a la última que nos podemos plantear hoy: ¿estáis tan seguros de que se puede llegar a un conocimiento de los objetos tal y como ellos son? ¿Creéis que si os convirtieseis en el insecto del que **Kafka** nos habla en su novela **La Metamorfosis** percibiríais el mundo tal como lo hacéis?

—Yo creo que nuestra forma de ver los objetos —intervino Nacho— está determinada por cómo somos nosotros, es decir, por el tipo de sentidos que tenemos, por las características de nuestro entendimiento, de modo que un posible extraterrestre, con otra estructura mental, conocería los objetos de manera distinta a como lo hacemos nosotros.

María hizo un gesto como si acabase de hacer un gran descubrimiento:

—Entonces, no se puede comparar lo que pensamos o decimos con los objetos; la verdad habría que entenderla como una **correspondencia** entre nuestros conocimientos y enunciados, por una parte, y nuestras **representaciones** de la realidad, por otra, ¿no crees tú, Llanos?

—No es mala idea —contestó la profesora con una sonrisa de satisfacción en su boca—. El mundo que conocemos no es algo que se nos dé directamente a nosotros, es decir, no se nos da desnudo, sino que llegamos a él desde representaciones previas, sobre todo desde el lenguaje, pero estas representaciones tampoco son independientes de nuestra relación con el mundo. **Ortega** decía que no se puede hablar de un mundo independiente del sujeto, pero tampoco de un sujeto independiente del mundo.

—Bien, pero si entendemos la verdad —dijo Pablo— más bien como una relación entre nuestros enunciados y nuestras representaciones de la realidad, ¿cómo podemos saber si nuestras representaciones previas se ajustan a ésta?, ¿cualquier representación es válida?

—Por supuesto que no —intervino Luis, con la fuerza de quien iba a confirmar algo que ya dijera al principio de la clase—. No vale cualquier representación, sino aquéllas que nos son útiles, aquéllas que ayudan y facilitan nuestra acción, aquéllas que sirven para la vida.

—Pero útiles a quién —le interpeló Ana—. Las verdades útiles son distintas para el explotador y el explotado: ¿valen todas igual?

Los estudiantes reflejaban en sus rostros el esfuerzo que estaban haciendo por mantener la discusión. La profesora era consciente de que convenía ir acabando, si no quería que la gente empezara a desentenderse. Por ello dijo:

—Bien, Ana, pero existe un medio racional por el cual los seres humanos pueden llegar a acuerdos, y éste es el **diálogo**. Por supuesto que para que se produzca el diálogo hace falta que se den condiciones previas. Pero es por medio del diálogo como las personas pueden discutir sus representaciones y presentar razones para justificarlas, y, también, para rechazarlas. El diálogo no pretende reducir a un único discurso la pluralidad de puntos de vista, sino crear las condiciones para que todas las perspectivas puedan ser tenidas en cuenta y valoradas. Por ello, muchos filósofos actuales más que de **objetividad** hablan de **intersubjetividad**. La verdad se entendería más bien como acuerdos intersubjetivos a los que los hablantes de una comunidad llegan después de haber discutido las propuestas hechas por todos los que tenían algo que decir; esos acuerdos serían siempre provisionales y revisables, siempre susceptibles de ser puestos en duda. Quizá podríamos entender también la verdad, en algunas ocasiones, como significados construidos y aceptados en un marco de acuerdo intersubjetivo, conseguido mediante la escucha mutua y en donde queda garantizada la capacidad de disentir.

—Pero, Llanos —dijo Ana, interrumpiendo el discurso de la profesora—, ¿no crees tú que a veces es imposible el diálogo?

En aquellos momentos la puerta del aula se abrió y la profesora aprovechó la ocasión para dar por terminada la discusión, al menos de momento:

—Buena pregunta la de vuestra compañera, pero por hoy ya está bien. No penséis que hemos agotado el tema, considerad que el problema queda abierto.

El profesor de matemáticas saludó a la clase y, después de darle las gracias a Llanos, comentó en voz alta:

—Antes de que se me olvide, me ha dicho el jefe de estudios que ya se ha resuelto lo de los destrozos del aseo: han encontrado una ventana rota en un pasillo y parece que el sábado por la noche alguien entró al instituto desde la calle.

PARA SEGUIR PENSANDO...

1. Busca el significado de los siguientes términos:

escepticismo	intersubjetividad	prejuicio
relativismo	perspectivismo	axioma
dogmatismo	evidencia	teorema
objetividad	certeza	tautología

2. Aclara en las siguientes expresiones el significado de «verdad»:

— «La verdad es la verdad, la diga Agamenón o su porquero» (Juan de Mairena).
— «La verdad os hará libres» (Jesucristo).
— «Juro decir la verdad, sólo la verdad y nada más que la verdad» (Testigo en un juicio).
— «Juan es un amigo de verdad» (María).
— «La ciencia busca la verdad» (Profesor de física).

3. Se considera que un enunciado **analítico** es siempre verdadero en función del significado de sus términos; un enunciado **contradictorio** es siempre falso (en cualquier mundo posible), en virtud del significado de sus términos; y un enunciado **sintético** puede ser verdadero o falso, en virtud de los hechos. De los siguientes enunciados señala cuáles son analíticos, cuáles contradictorios y cuáles sintéticos:

— Dos cosas iguales a una tercera son iguales entre sí.
— Algunos solteros están casados.
— La Tierra da vueltas alrededor del Sol.
— Los estudiantes de esta clase son rubios.
— Llueve o no llueve.
— Los oculistas son médicos especialistas en ojos.
— Los triángulos tienen cuatro ángulos.

4. Di si las siguientes expresiones son verdaderas o falsas y expón el criterio que aplicas en cada caso para determinarlo:

— En clase de biología: «Las ballenas son mamíferos».
— En clase de matemáticas: «La recta es la distancia más corta entre dos puntos».
— En clase de matemáticas: «En un triángulo rectángulo la suma de los cuadrados de los catetos equivale al cuadrado de la hipotenusa».
— En clase de física: «Los planetas giran alrededor del Sol formando una elipse».
— En clase de psicología: «La frustración produce agresividad».
— Juan a sus amigos, después de tener «unas palabras» con María: «Todas las chicas son unas histéricas».
— María a sus amigas: «Todos los chicos van a lo mismo».
— El padre a su hijo pequeño, que nunca ha visto la nieve: «La nieve es blanca».
— «Estoy despierto». (Contestación que Luis da a su madre, después de llamar ésta a su habitación y preguntarle si estaba despierto o dormido, cosa que, aunque parece mentira, ocurre algunas veces).
— Marisa, en clase de ética: «Hay que devolver bien por mal».
— Ante el museo Reina Sofía: «Este museo es feo».

5. Plan de discusión. Discutir, dando razones, las siguientes afirmaciones:

— Aurora: «La verdad no existe».
— Pepe: «Es verdadero aquel enunciado que se corresponde con los hechos».
— Irene: «Un enunciado es verdadero cuando es dicho por alguien sincero y competente en la materia sobre la que versa tal enunciado».
— Juan: «La verdad es lo que nos dicen los libros de texto».
— Patricia: «A veces, es verdadero aquello que yo siento así».
— Llanos: «La ciencia nos proporciona verdades objetivas y seguras».

— David: «Sólo las ciencias pueden proporcionar un conocimiento verdadero».
— Sofía: «Un enunciado es verdadero cuando encaja con otros enunciados verdaderos».
— Guillermo: «Una idea es verdadera cuando me ayuda a actuar y a vivir».
— Carlos: «Verdadero es aquel enunciado en que se ponen de acuerdo los miembros de una comunidad de investigadores».

6. Comentar, por grupos, la siguiente afirmación del filósofo alemán Godofredo E. Lessing (1729-1781): «Si Dios tuviese en su diestra toda la verdad y en su izquierda sólo la tendencia hacia la verdad con la condición de errar eternamente perdido y me dijera: ¡Escoge!, yo me precipitaría con humildad a su izquierda, y le diría: ¡Padre, he elegido! La pura verdad es solamente para ti».

7. Comentar, por grupos, los siguientes versos del poeta español Ramón de Campoamor (1817-1901):

   «Y es que en el mundo traidor
   nada hay verdad ni mentira;
   todo es según el color
   del cristal con que se mira».

8. Una paradoja clásica. Supón que te visita un extranjero y te dice: «en mi país todos mentimos siempre». ¿Será verdad lo que te ha dicho el visitante?

9. Un acertijo, sacado del Quijote y con base en la paradoja anterior. Un río dividía los términos de un señor y sobre este río había un puente y en el extremo de éste había una horca y unos jueces. Los que pasaban el puente debían jurar ante los jueces a dónde iban y a qué, de modo que si juraban verdad podían pasar y si juraban mentira eran ahorcados. Sucedió que un buen día pasó un hombre que juró que iba a morir en la horca y no a otra cosa. Deliberaron los jueces y se dieron cuenta de que si dejaban pasar libremente a este hombre, entonces mintió en su juramento y, por lo tanto,

debería morir; pero si lo ahorcaban, entonces habría dicho la verdad y, por lo tanto, lo deberían haber dejado marchar. ¿Qué creéis vosotros que deben hacer los jueces con ese hombre?

10. Disertación: ¿Podemos conocer la verdad?

¡ASTRAORDINARIO!

JUAN JOSÉ RUIZ CORTINA

El otro día me ocurrió algo curioso. Estaba leyendo el periódico (evidentemente no es esto lo curioso) cuando por azar mis ojos se posaron en la sección del horóscopo. No sé por qué extraña razón decidí leer las predicciones referentes a mi signo. Recuerdo que decían, más o menos, que iba a tener un golpe de fortuna y que me encontraría de repente con una gran cantidad de dinero en las manos. ¡Qué bien, pensé, sobre todo si la astrología fuera creíble! Lo mejor del caso es que esa misma tarde, hojeando una revista, volví a tropezar con la sección del horóscopo, y cuál fue mi sorpresa al leer que aquí, referido al mismo signo y al mismo día, me decía sin embargo que cuidara mi economía, pues iba a entrar en una grave crisis monetaria. ¡Menos mal que la astrología no es creíble!, suspiré aliviado.

Ejemplos como este podemos encontrarlos a montones y, cada uno puede hacer la prueba por su cuenta, seguro que obtendríamos los mismos resultados contradictorios. Y, sin embargo, a pesar de ello, una enorme cantidad de gente continúa creyendo hoy en día en la influencia de los astros en nuestras acciones y en nuestra personalidad.

Cuando resulta que treinta y dos millones de estadounidenses creen que esa influencia existe y que es importante en su vida; cuando nos informan de que más del noventa por ciento de la población conoce algo tan irrelevante como es su signo del zodiaco y sin embargo sólo un cincuenta por ciento sabe cuál es su grupo sanguíneo, información de la que podría llegar a depender su vida;

cuando nos enteramos de que en Estados Unidos se dedican anualmente unos doscientos millones de dólares (unos treinta mil millones de pesetas) a la consulta de astrólogos; cuando algunas empresas comienzan a utilizar las cartas astrales en el proceso de selección del personal; cuando se ha hecho público que un líder político poderoso (como lo fue Ronald Reagan), del cual dependieron en su momento directa o indirectamente millones de vidas, incluía en su nómina como asesora profesional a una conocida astróloga y se dejaba influir en sus decisiones por la positiva o negativa influencia de los astros; cuando, en definitiva, todo esto ocurre, es cuando nos damos cuenta de que hay algo que no funciona y que conviene que la gente sepa la verdad sobre la astrología. Y a esta cuestión dedicaré las siguientes páginas. Veremos, pues, a continuación, una serie de argumentos con los cuales pretendo destruir la vana pretensión de los astrólogos de considerar a su disciplina como una ciencia.

¡No amigos! La astrología no es una ciencia, dejémoslo claro desde el principio. Y no lo es porque su modo de trabajar no tiene nada que ver con el de los científicos. Podríamos respetar a la Astrología si, al igual que otras muchas doctrinas, se limitara a decir que es lo que realmente es, una creencia. Podemos entender con más facilidad el porqué la astrología ha de ser considerada como una creencia y no como una ciencia si atendemos un poco a sus raíces históricas.

La astrología, como otras muchas cosas, tiene su lugar de nacimiento en una región conocida con el nombre de Mesopotamia en la cual se sitúa el origen de las primeras civilizaciones (asirios, babilonios, acadios, sumerios, etc.). También es en esta zona donde apareció por primera vez el interés por la astronomía. Es evidente que tanto la astronomía como la astrología tienen un origen común puesto que las dos se basan en la preocupación del ser humano ante aquellas extrañas luces que de noche, brillando en el cielo, no podían sino llamar su atención. Sin embargo, y a pesar de esta semejanza inicial, podemos decir que aquí acaba prácticamente todo parecido entre ambas disciplinas.

Ante lo desconocido el ser humano adopta una doble, y en ocasiones contradictoria, actitud: curiosidad y miedo. Pues bien, la curiosidad podríamos considerarla el origen de la ciencia (en el caso que nos ocupa daría origen a las primeras explicaciones astronómicas, que intentarían dar cuenta del origen de esas extrañas luces celestes y de sus movimientos), mientras que, por su parte, el miedo daría lugar a la aparición de la religión (en nuestro ejemplo explicaría el origen de la astrología). Para los babilonios y los demás pueblos mesopotámicos el mundo que les rodeaba era en gran parte incomprensible. Se trataba de algo mágico en lo cual se podían ver presagios en todas y cada una de sus manifestaciones: en el comportamiento de los animales, en sus vísceras, en los sueños, en el agua y, como no, en el cielo en general y en las estrellas en particular. Lo único que hacía falta era saber interpretar esos presagios, cosa que, por supuesto, únicamente estaba al alcance de unos pocos. Sólo un grupo de elegidos en «contacto directo» con los dioses (los sacerdotes) serían capaces de, mirando las estrellas, predecir lo que nos espera en el futuro. De este modo, debido al miedo a lo desconocido (en este caso tanto el cielo estrellado como el futuro) es como nació esa creencia llamada astrología.

Cada cual es libre de creer lo que quiera, incluidas las cosas más disparatadas. A nadie le hace daño que aún podamos encontrar personas que crean que el monstruo del lago Ness existe realmente. Pero cuando esas personas empiezan a inundar algunas publicaciones con supuestas fotografías del pobre monstruo e intentan sacar miles de pesetas por esos tristes montajes, es cuando nos tenemos que plantar y decir ¡basta!

Lo mismo ocurre con la astrología: cuando intenta convencer a las gentes de buena fe con sus cartas astrales y sus diagramas, y se alimenta de la desesperación, de la ingenuidad y de la credulidad de la gente, es cuando debemos dar un paso al frente y decir: ¡señores, esto no es más que una soberana estupidez!

Seguro que los propios astrólogos se morirían de risa si alguien les dijera que los *Jumbos* (esos grandes aviones que suelen desplazarse entre Europa y América) y la posición que estos ocupan en el cielo en el momento del nacimiento de una persona pueden influir en el carácter, temperamento y futuro de dicha persona. Pues bien, ¡ya se pueden ir muriendo!: en Norteamérica ha aparecido recientemente una nueva doctrina denominada, como no, «Jumbología», que defiende precisamente esta tesis. Y si esta idea nos parece absurda, haríamos bien en darnos cuenta de que la astrología no es más que otra versión de la misma historia, y de que la base científica de una y otra es evidentemente la misma, es decir, ninguna.

Es, pues, el momento de ir desarrollando las principales críticas que se le pueden hacer a la astrología. Después, y como conclusión, acabaremos analizando por qué, en definitiva, la Astrología no es una ciencia y, por tanto, cuál es la diferencia entre lo que es ciencia y lo que no lo es.

1. Las constelaciones que forman las figuras del zodiaco, en el cual se sustenta la astrología, no tienen una existencia real. En el firmamento nos encontramos con una enorme cantidad de estrellas, es cierto, pero somos nosotros los que unimos esos puntos del cielo para formar una supuesta figura que no existe más que en nuestra imaginación. De este modo se explica cómo cada cultura ha trazado unas imágenes distintas en el cielo que dependían en cada caso de aquellas cosas que les resultaban más familiares. Por ejemplo, para los babilonios (a los cuales debemos —para bien o para mal— nuestros horóscopos) las estrellas que aparecen en el cielo del 21 de abril al 21 de mayo formaban la imagen de un toro. Sin embargo, los aztecas no veían en esas mismas estrellas un toro, sino una serpiente de cascabel. ¿Por qué no vieron esa misma serpiente los babilonios? Sencillamente porque en la zona donde ellos vivían no había serpientes de cascabel y, por tanto, ya que nunca habían visto ninguna resultaba imposible que la observaran en el cielo estrellado.

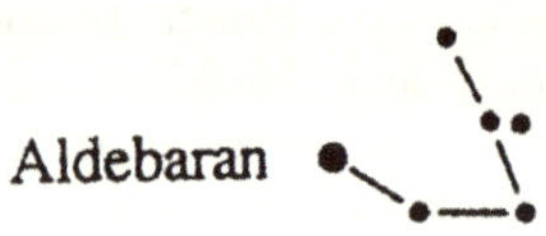

TAURUS

Vosotros mismos podéis realizar una prueba al respecto. En el cuadro siguiente podéis observar una serie de puntos. Os propongo que intentéis unir esos puntos de la manera que mejor os parezca con la finalidad de formar una figura, la que vosotros queráis, pues depende sólo de vuestra imaginación.

Una vez acabada esta tarea fijaos cómo esos puntos son los mismos que aparecen en los dos dibujos siguientes. En uno de ellos yo he dibujado (bastante mal, por cierto) algo parecido a una plancha. En el otro los babilonios «dibujaron», con muchísima fantasía por su parte, un león. Y ese león tiene una existencia tan real como mi plancha y vuestro «lo que sea».

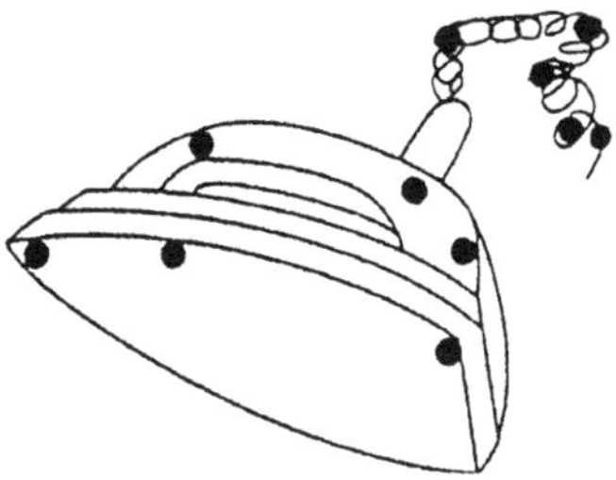

2. Si realmente las estrellas tuvieran una influencia en nuestra vida, ¿cómo se explicaría que algunas sólo nos afecten en el plano sentimental mientras que otras lo hagan en el aspecto económico?

3. Una de las críticas más aplastantes que se le pueden hacer a la astrología tiene que ver con un fenómeno llamado la «precesión de los equinoccios». Veamos brevemente de qué se trata. La Tierra, además de los movimientos de rotación y traslación, posee otro movimiento llamado de «precesión» consistente en que el eje de la Tierra gira sobre sí mismo. Se trata de un movimiento muy lento que sólo completa una vuelta entera cada veintiséis mil años, pero que, sin embargo, tiene mucha importancia para el tema que nos ocupa. En efecto, la consecuencia más notoria de este movimiento es que, al acabar el movimiento anual de traslación, un observador que se encontrara en un punto cualquiera de la superficie terrestre ya no contemplaría la misma porción del cielo que veía un año antes, sino otra distinta.

Naturalmente, debido a la lentitud de este movimiento, el efecto es casi imperceptible de un año a otro. Pero conforme van pasando los años las consecuencias son mucho más importantes, pues nos encontramos con que, por ejemplo, el 28 de agosto de hace más de dos mil años, los babilonios veían por la noche la constelación de Virgo (de ahí que esa época del año se corresponda con ese signo del zodiaco) y, sin embargo, en la actualidad, debido al mencionado movimiento de precesión, la noche del 28 de agosto lo que observamos en el cielo es la constelación de Leo. Por lo tanto, si habláramos con propiedad, deberíamos decir que una persona nacida en esa fecha tendría que ser Leo y no Virgo, como creemos erróneamente. Por decirlo en dos palabras: el zodiaco ha sufrido un desplazamiento de un signo «hacia atrás» y, por tanto, aquel de vosotros que crea ser Géminis, en realidad, será Tauro, aquel que crea ser Acuario, en realidad, será Piscis, y así sucesivamente. Evidentemente como ese movimiento de precesión va acumulando su efecto, dentro de otros dos mil años el desplazamiento «hacia atrás» ya no será sólo de un signo, sino de dos, y así sucesivamente hasta que se completen los veintiséis mil años del movimiento de precesión y volvamos a la situación original.

Todo esto nos muestra claramente cómo las supuestas predicciones astrológicas se caen por su propio peso, ya que los famosos signos del zodiaco ni siquiera se corresponden con la imagen real del cielo al encontrarse desfasados.

4. Supongamos por un momento que los astrólogos tienen razón y que las estrellas ciertamente influyen sobre nosotros. Aún tendríamos que explicar de qué modo nos afectan y cuál es exactamente la fuerza que permite esa influencia.

Hay astrólogos que opinan que las estrellas influyen en nosotros a través de la fuerza de gravedad. Su argumentación sería la siguiente: está comprobado científicamente que la fuerza gravitatoria de la Luna influye sobre las mareas terrestres; puesto que el ser humano se compone en gran parte de agua, ¿por qué no pensar que también las estrellas y su fuerza de gravedad pueden influir sobre nosotros?

Ante este argumento podríamos contestar lo siguiente: *a)* En el caso de la Luna y las mareas actúan cuerpos de gran masa cosa que no ocurre con el agua que compone a los seres humanos, con lo cual la influencia en estos —si existiera— no podría ser nunca de la misma magnitud. *b)* Aunque admitiéramos que la fuerza de gravedad de los astros pueda afectar a los líquidos de nuestro cuerpo, todavía habríamos de demostrar que esa influencia puede determinar de algún modo nuestra conducta y nuestro futuro. *c)* Si tal influencia fuera cierta, también deberíamos tener en cuenta la influencia gravitatoria de otras masas más cercanas al niño en el momento de su nacimiento, como la del médico que asiste en el parto o la de la propia madre del recién nacido. Sin embargo, la astrología no tiene en cuenta esos factores.

Otros astrólogos afirman que las estrellas nos afectan mediante la fuerza electromagnética que emiten. Ante esta nueva conjetura podríamos hacer las siguiente réplicas: *a)* Esa fuerza no puede viajar por el espacio a una velocidad mayor que la luz, puesto que, como es bien sabido, no existe nada en el Universo que pueda superar ese límite de trescientos mil kilómetros por segundo. Esto quiere decir que realmente nunca nos puede afectar la posición que ocupaban los astros en el cielo en el momento en que nacimos, puesto que su radiación (al igual que su luz) sólo llegaría hasta nosotros horas, días o años después. *b)* Si ciertamente la influencia de los astros se dejara sentir en nosotros a través de la supuesta fuerza electromagnética que nos emiten, también deberíamos tener en cuenta la posible influencia de la fuerza electromagnética que emiten las lámparas que son utilizadas en la sala de parto, factor que nadie toma en consideración en ninguna carta astral.

Pero aún hay astrólogos que no tiran la toalla y que terminan acudiendo a un último recurso desesperado. Los astros nos afectan —dicen ellos— a través de una fuerza aún desconocida e imposible de detectar por ningún aparato científico.

Además de que en este caso también continúa vigente la crítica «b» del apartado anterior, este argumento (si se le puede llamar así) refleja perfectamente lo que en Filosofía de la Ciencia recibe el nombre de hipótesis *ad-hoc*. Se denomina de este modo a aquella hipótesis que, sin basarse en ningún dato experimental comprobable, se formula con la única intención de superar una crítica adversa. Carl Sagan, el famoso astrónomo y divulgador científico, ilustra muy bien este concepto en uno de los capítulos de su obra póstuma titulada *El mundo y sus demonios*. Allí nos expone el siguiente ejemplo. Supongamos que un amigo me dice un día: «¡Oye!, tengo un dragón encerrado en mi garaje». Naturalmente mi reacción, en el caso de creerle, sería decirle: «¡Vamos a verlo inmediatamente!». Abriríamos la puerta del garaje y evidentemente no veríamos ningún dragón, a lo cual mi amigo podría responder: «Es que es un dragón invisible».

Yo, que soy una persona llena de recursos, le sugeriría entonces lo siguiente: «Podríamos llenar el suelo del garaje de harina y así, aunque no viéramos al dragón, al menos sus huellas quedarían impresas y tendríamos una prueba de su existencia». Pero mi amigo perfectamente podría contestar de esta manera: «Es que se trata de un dragón volador y nunca está posado en el suelo». Negándome a ser vencido replicaría de este modo: «Entonces podríamos rociar todo el garaje con pintura y así la silueta del dragón se haría visible». Pero mi amigo (que seguramente disfruta haciéndome la vida imposible) destrozaría una vez más mis ilusiones diciendo, por ejemplo, que la pintura no se adhiere a los dragones invisibles.

En definitiva: nunca podríamos saber si realmente mi amigo tiene o no un dragón invisible en su garaje, puesto que no existe modo alguno de comprobar experimentalmente su existencia, ya que a cada prueba sugerida se me contesta con una hipótesis *ad-hoc* que tiene como única finalidad superar las críticas pero sin aportar ninguna prueba positiva a favor.

Pues bien, lo mismo que ocurre con el dragón invisible de Carl Sagan, sucede también con la extraña fuerza indetectable de los astros que los astrólogos postulan, con lo cual es evidente que esta hipótesis no tiene ningún valor científico.

5. Si la astrología fuera correcta, la misma predicción debería ser válida para todos aquellos individuos que nacieron a la misma hora y en el mismo lugar geográfico, y más aún para aquellos hermanos gemelos cuyo nacimiento difiere entre sí unos escasos minutos. Sin embargo, todos aquellos que conozcáis a hermanos gemelos os daréis cuenta de que esto no es cierto y que, ni los sucesos que acontecen a uno de los hermanos tienen por qué ocurrirle al otro, ni sus personalidades tienen por qué ser semejantes.

6. Uno de los rasgos que definen a la ciencia es la capacidad de predecir sucesos que van a ocurrir. Esto no tiene nada que ver con adivinar el futuro de estrellas de cine, princesas o cantantes, sino que se basa en la regularidad de los hechos que tienen lugar en la naturaleza, regularidad que nosotros podemos llegar a establecer a través de la observación llegando, al final, a formular leyes científicas. Las predicciones de la ciencia poseen un porcentaje muy elevado de aciertos. Así por ejemplo, cualquier astrónomo medianamente eficiente podrá predecir con un noventa y nueve por ciento de posibilidades de éxito todos los eclipses de sol que van a ser visibles desde la península ibérica en los próximos cincuenta años.

Pero, ¿qué ocurre con las predicciones astrológicas? ¿Funcionan tan bien como las que lleva a cabo cualquier disciplina científica? Ciertamente no. Se ha podido establecer que solamente el diez por cien de las predicciones astrológicas han resultado ser acertadas. Pero es que, además, dentro de ese mínimo porcentaje se incluyen predicciones que podemos calificar de vagas o ambiguas (puesto que pueden ser válidas para cualquier persona en cualquier circunstancia) como las siguientes: «Ocurrirá algo en tu vida» o «Vas a conocer a alguien». También se incluirían en este citado diez por cien otro tipo de predicciones que se denominan «de sentido común» y que podría haber realizado cualquiera de nosotros sin necesidad de tener ningún conocimiento astrológico. Serían predicciones como por ejemplo «El año que viene subirán los precios» o «Este verano habrá incendios forestales».

Los astrólogos también suelen recurrir a otras variantes de predicciones que les son muy queridas. Citaré simplemente una de ellas, las llamadas «predicciones lejanas». Se trataría en este caso de predecir sucesos que, supuestamente, van a ocurrir en un futuro tan remoto que ninguno de los presentes, por razones obvias, tendrá la oportunidad de comprobar su posible acierto. Por poner un ejemplo, yo podría predecir que un meteorito va a colisionar con la Tierra el doce de enero del año 2435. Evidentemente esta predicción no tiene ningún valor, puesto que ninguno de nosotros podrá confirmar o negar su validez.

Para terminar con el tema de las predicciones os plantearé la siguiente pregunta: si los astrólogos son realmente capaces de predecir el futuro, ¿cómo se explica que no sean todos ellos multimillonarios?

7. Un grupo bastante numeroso de astrónomos viene defendiendo últimamente lo que se conoce como la «teoría de la sincronicidad». Estos astrólogos, conscientes de que defender la idea de que los astros determinan nuestro futuro supone atentar contra la libre voluntad humana, han optado por afirmar que los astros condicionan pero no obligan.

¿Qué quieren decir exactamente con esto? Sencillamente que, mientras la versión tradicional de la astrología afirmaría, por ejemplo, que nacer bajo el signo de Virgo es la causa de poseer una mayor capacidad de liderazgo, por contra, esta nueva tendencia más *light* señalaría «simplemente» que lo único que ocurre es que ambos factores (pertenecer al signo Virgo y tener capacidad de liderazgo) suelen suceder conjuntamente y que, por lo tanto, existe una relación significativa entre ambas. De este modo los defensores de la sincronicidad piensan que se podría explicar la relación entre los astros y los rasgos de la personalidad sin que esto suponga atentar contra la libertad de las personas.

Pero si esto fuera cierto, ello querría decir que podemos encontrar relaciones que sean estadísticamente significativas entre los signos del zodiaco y los rasgos de la personalidad. ¿Existen o no esos datos estadísticos? Comprobémoslo mediante un par de ejemplos.

a) Los astrólogos afirman que existe una relación estadísticamente significativa entre un rasgo físico como es el de ser pelirrojo y pertenecer al signo Aries. ¿Es esto cierto? No, en absoluto. Es evidente que todos los Aries o un número significativo de ellos no pueden ser pelirrojos, porque los Aries nacidos en África o Asia no lo serán. Pero... ¿y al revés? ¿Habrá un número importante de pelirrojos que sean efectivamente Aries? Un muestreo estadístico realizado sobre un total de tres mil pelirrojos llegó al resultado de que sólo 270 pertenecían al signo Aries. Es decir, un porcentaje menor al diez por cien. Así pues, esta afirmación astrológica carece de sentido.

b) Una de las más populares afirmaciones de la Astrología es la que nos dice que existe una relación directa entre las noches en las que hay luna llena y el aumento de ataques de locura, asaltos con violencia, etc. ¿Es esto cierto? Tampoco en este caso parecen estar muy acertados nuestros amigos astrólogos, puesto que un estudio realizado al respecto demostró que, en las famosas noches de luna llena, ni en los centros psiquiátricos ni en las comisarías se atendía un mayor número de llamadas.

8. La astrología se apoya en muchas ocasiones en la necesidad de creer que tiene la gente y en su capacidad de autosugestión. Un ejemplo aplastante, con el que cerraremos estas críticas, nos lo demostrará fácilmente. Un científico llamado Geoffrey Dean realizó, no hace demasiados años, el siguiente experimento. Reunió a un grupo de personas y les repartió a cada una de ellas dos cartas astrales. Se les dijo que la primera de ellas (a la que denominaremos A) era su auténtica carta astral, la que correspondía a sus datos personales, mientras que la segunda (a la que obviamente llamaremos B) era una carta astral que no tenía nada que ver con la persona en cuestión. Una vez repartidas, se les preguntó a cada uno de ellos si se sentían identificados con dichas cartas astrales. El noventa y siete por cien reconoció identificarse con la carta A y solamente el doce por cien lo hicieron con la carta B (hay que precisar que cada individuo podía identificarse con ambas cartas).

Hasta aquí todo parecía correcto y, de hecho, muy favorable para la astrología. Sin embargo había un problema y no precisamente insignificante. Geoffrey Dean había mentido a sus «cobayas»: la carta astral A, que les había sido dada como la que les correspondía a cada uno de ellos, pertenecía en realidad a otras personas distintas, mientras que la carta astral B, que en principio era una carta extraña para ellos, era la que realmente les correspondía.

En definitiva, los «cobayas» se identificaron con la carta A porque era la que creían que les correspondía, ya que precisamente así se lo habían dado a entender, y no por ninguna otra razón. Sinceramente, decidme: después de esto, ¿creéis que es necesario continuar?

Acabaré, pues, de martirizar a los «pobres» astrólogos resumiendo brevemente las razones por las cuales no se puede considerar a la astrología como ciencia. De este modo tendremos también ocasión de distinguir entre la manera de trabajar de los científicos y la de aquellos que quieren hacernos creer que lo son.

1) En la astrología no se llevan a cabo experimentos controlados ni tampoco se utilizan estadísticas fiables. Por lo tanto, al no aportar pruebas de la validez de sus tesis, no podemos considerar estas como científicas.

2) Es cierto que la astrología —al igual que la ciencia— lleva a cabo predicciones. Pero no es menos cierto que, como hemos visto en el apartado correspondiente, las predicciones astrológicas no tienen el mismo valor que las científicas (de hecho casi nunca tienen valor).

3) Los astrólogos intentan responder a sus críticos mediante la formulación de hipótesis *ad-hoc* que nunca resultan aceptables desde un punto de vista científico, al no basarse en ningún dato fiable. Muy diferente es, sin embargo, el proceder de la ciencia en este tema. En efecto, el conocimiento científico admite de entrada que nunca puede llegar a ser infalible. Siempre se debe permanecer abierto a la posibilidad de que una crítica nos haga revisar nuestras hipótesis, introduciendo de este modo las correcciones oportunas o, incluso, si este fuera el caso, sustituyendo dichas hipótesis por otras que puedan dar cuenta de un modo más satisfactorio del problema que nos ocupa. Por lo tanto, mientras que la ciencia acepta las críticas, las incorpora a su método de trabajo y las considera como una parte indispensable de dicho método, la astrología (igual que todas las paraciencias en general) rechaza de entrada cualquier crítica que pueda afectar a sus tesis principales o, como mucho, las intenta responder mediante las ya citadas y despreciadas hipótesis *ad-hoc*.

4) La ciencia se caracteriza por su capacidad de multi-verificación. Es decir, en la ciencia los resultados no tienen valor si no

pueden ser reproducidos en las mismas condiciones por otros investigadores. En la astrología, esta multiverificación brilla por su ausencia. De hecho, se ha comprobado experimentalmente que cinco astrólogos diferentes dan una interpretación distinta a una misma carta astral.

5) Las leyes y teorías científicas tienen un valor universal. Así por ejemplo, nos encontramos con que la fuerza de gravedad actúa de acuerdo con las mismas leyes tanto aquí como en Plutón. Sin embargo, no ocurre así con la astrología. Ni siquiera hace falta ir a Plutón para comprobarlo. Basta con que observemos cómo los horóscopos chinos funcionan de un modo muy distinto a los occidentales.

6) La astrología no sólo se considera a sí misma como una ciencia, sino, aún más, como una ciencia ya acabada y a la que pocos retoques se le pueden introducir (cosa que, por otro lado, parece lógica, puesto que, como hemos visto en un apartado anterior, no admite las críticas que la harían evolucionar y avanzar). De este modo podemos comprobar cómo el desarrollo de la astrología ha sido ciertamente muy escaso desde los ya lejanos días de su nacimiento hasta la actualidad. Los mismos, o muy parecidos, métodos que se usaron en Babilonia, Grecia o durante la Edad Media, son los que continúan utilizándose una y otra vez hoy en día. Sin embargo, el conocimiento científico no comparte este modo de actuar. Al aceptar las críticas, la ciencia es capaz de ir formulando nuevas hipótesis y, de este modo, evolucionar y desarrollarse hacia explicaciones que sean cada vez más exactas, aun siendo conscientes de que es esta una tarea que permanecerá continuamente abierta y en la que nunca será posible alcanzar una verdad con absoluta seguridad. En ciencia la palabra «verdadero» debe ser sustituida por la de «probablemente cierto».

7) La astrología no posee relevancia explicativa. Esto quiere decir que tiene que existir una relación significativa entre el fenómeno que se desea explicar y la explicación que se ofrece. Por ejemplo, en algunas tribus primitivas se creía que el embarazo de las mujeres era producido por un tipo especial de viento que las fertilizaba. Como podéis suponer este es un caso claro de ausencia de relevancia explicativa. Trasladando esto al campo de la astrología, esta nos viene a decir que nuestra personalidad está determinada por la posición que ocupaban ciertos astros en el cielo en el momento en que nacimos. La ciencia, por su parte, nos dice que se debe a una combinación de causas genéticas y del medio ambiente en el que nos hemos educado. ¿Cuál de las dos posturas creéis que

tiene una mayor relevancia explicativa? Espero que, si de algo han servido todas las páginas anteriores, no tengáis problemas en dar con la respuesta correcta.

Uno de los aspectos más valiosos de la ciencia es que nos permite actuar con eficacia en el mundo que nos rodea. A través del conocimiento científico obtenemos el poder para dominar la naturaleza y ponerla al servicio de nuestros intereses (teniendo en cuenta que dicho dominio no tiene por qué ser incompatible con el respeto a la propia naturaleza; más bien deberían ser inseparables). Esta característica tampoco se cumple en la astrología; sus enseñanzas no nos proporcionan ningún modo de mejorar nuestro conocimiento o nuestro dominio respetuoso de la naturaleza, puesto que sus tesis, básicamente, están orientadas a la obtención de datos sobre el futuro, y el futuro no puede ser conocido bajo ninguna circunstancia, ya que somos nosotros quienes tenemos que ir construyéndolo continuamente mediante nuestra actuación «aquí» y «ahora». Creer en la astrología supone menospreciar en exceso a la especie humana, puesto que aceptar sus tesis implica negar la posibilidad de que seamos libres. Pensar que nuestro destino está predeterminado por los astros puede llevarnos a actuaciones tan extremas como la del astrólogo Girolamo Cardan, quien en el siglo XIV predijo su propia muerte para una fecha concreta y determinada y que al llegar esta, viendo que su predicción iba a fallar, decidió suicidarse para que finalmente acabara cumpliéndose. ¡Y es que los astrólogos son capaces de cualquier cosa con tal de convencernos!

PARA SEGUIR PENSANDO...

1. Leed individualmente la siguiente carta astral:

   «Eres una persona con grandes sentimientos de solidaridad, te gusta ayudar a los demás y, sin embargo, abusando de tu bondad, mucha gente a la que considerabas tus amigos han acabado aprovechándose de ti. Aunque eres una persona comprensiva no aguantas a la gente que se empeña en hacer una cosa sin dar alguna razón al respecto. Posees un sentido de la justicia muy elevado. Sueles ser bastante racional pero, a veces, también te gusta hacer locuras sin pensar mucho en las consecuencias.»

¿Te sientes identificado con ella? En caso afirmativo, ¿por qué crees que esto es así? Compara tu respuesta con el resto de tus compañeros y sacad conclusiones al respecto.

2. Haz un seguimiento durante un mes de las predicciones para tu signo del zodiaco en el horóscopo que aparezca en cualquier revista o periódico y observa los resultados. Coméntalos.

3. Compara las predicciones para tu signo del zodiaco en el mismo día y en distintas publicaciones. ¿Existen similitudes entre ellas?

4. Elabora un mapa conceptual del apartado 4 (crítica al intento de argumento de que las estrellas influyen en nosotros).

5. Construye una tabla de oposiciones a partir del texto en la que se contrapongan las características de un saber científico y un saber que no lo es.

6. Utilizando las diferencias que hemos establecido entre lo que es ciencia y lo que no lo es, aplícalas a las siguientes disciplinas y concluye si podemos afirmar de ellas que son o no ciencias:

   Parapsicología
   Paleontología
   Psicoanálisis
   Ufología (estudio del fenómeno OVNI)

DISERTACIONES

7. ¿Qué factores influyen en la personalidad de un individuo? ¿Y en su futuro? Explícalos detenidamente y señala aquel o aquellos que mayor influencia tienen. ¿Cómo se compagina esto con la libertad?

8. Haz una lista de las supersticiones más comunes en nuestra sociedad. ¿Por qué no se les puede considerar como saberes científicos? ¿Qué intereses persiguen aquellos que las sostienen y defienden?

EL FANTASMA ENCERRADO EN LA MÁQUINA

EMILIO AÑÓN SOLER

1. El alma en el templo y en la naturaleza

Todos tenemos miedo a morir. Aunque en ocasiones alguien pueda desear la muerte porque su vida se le haya hecho insoportable, ese temor no desaparece. El célebre monólogo de Hamlet nos advierte de que soportamos la pesada carga de nuestra vida, sus tristezas, sufrimientos, frustraciones, etc., precisamente por el peso que tiene ese temor a lo que desconocemos, la muerte: *«Morir, dormir, dormir... ¡Soñar acaso! ¡Qué difícil! Pues en el sueño de la muerte ¿qué sueños sobrevendrán cuando despojados de ataduras mortales encontremos la paz? He ahí la razón por la que tan longeva llega a ser la desgracia»*. Las preocupaciones de Hamlet, esto es, el miedo a la destrucción total del yo, —¿y si no hubiese ningún sueño?—, junto con el deseo de una pervivencia feliz más allá de la muerte del cuerpo, son el fundamento del recurso al alma, esa *realidad inmortal e inmaterial*.

Una doctrina religiosa pagana del siglo VI a.C., el *orfismo*, sostenía que el alma humana viajaba después de la muerte del cuerpo que habitaba a un cuerpo de otro animal. Esta doctrina se conoce con el nombre de *metempsicosis*, y tuvo una influencia nada desdeñable en otros filósofos griegos más conocidos como los pitagóricos o Platón. Es, en principio, una doctrina sobre la vida de ultratumba, es decir, una descripción más o menos detallada de las posibilidades del alma de encarnarse en uno u otro cuerpo, pues el hecho de que el alma emigre a un ser determinado o a otro muy diferente de éste depende de la dignidad moral con la que haya vivido. Así, ciertas transmigraciones pueden considerarse como una condena y otras, en cambio, como un premio, porque el camino que debe recorrer el alma es el de la purificación, y ésta se consuma cuando un ser alcanza la perfección que le es propia. Pero, además, la doctrina de la metempsicosis puede interpretarse como una invitación a la moderación de las costumbres, es decir, a una cierta austeridad ascética en nuestros usos. De este modo, el hombre justo puede esperar una vida futura más noble que la que le tocará en suerte al hombre inmoderado o injusto. Es como decir: si te comportas bien, si eres un buen hombre, a tu alma le espera una vida mejor, más plena; en cambio, si te comportas mal te espera una vida innoble y mezquina.

También los egipcios describen algo así como una ascensión que tiene como objetivo la unión con el *ka*, que es, en palabras del historiador de las religiones E.O. James, *«esa parte espiritual del hombre que se tenía por el* yo *completo de la persona, en forma de entidad a la vez independiente y separable del cuerpo, protectora de él como espíritu guardián y que respecto a él constituiría lo que hoy llamaríamos su* personalidad, alma *o* individualidad». Asimismo la mitología griega se ocupa del alma, y la representa como una sombra, como una imitación de lo que fue el individuo en vida que ha perdido fuerza o viveza. Las almas vagan por el Hades, que es la región de los muertos, descripción esta de Homero que ha influido decisivamente en la tradición popular o folklore. Por ejemplo: ¿por qué los aparecidos de todas las leyendas populares tienen siempre ese aire desvaído, como cansado? Por no hablar de su naturaleza, ¿por qué podemos atravesarlos y verlos simultáneamente? ¿Por qué son más etéreos que nosotros, algo así como gaseosos? Todas estas doctrinas religiosas arcaicas son una representación embrionaria y ritual, mágico-religiosa, de una conocida metáfora del filósofo francés del siglo XVII René Descartes: el *fantasma encerrado en la máquina*. El cuerpo es la cárcel en la que se encuentra presa el alma que realiza su propio periplo, su propio viaje, ocupando diversos cuerpos en función de la dignidad moral con la que ha vivido hasta alcanzar la justicia y nobleza que le son propias.

Toda doctrina que afirme la existencia de dos tipos de realidad, por ejemplo, *materia y espíritu*, puede denominarse **dualista**. Es obvio que tanto los órficos como los egipcios participan de tal concepción de la realidad. Por una parte nos encontramos con el cuerpo mortal, corruptible, material... de otro lado, el alma, inmortal, inmaterial, más noble, incluso divina. Pero si el dualismo sostiene la existencia de dos tipos de realidad cualitativamente diferenciables, por ejemplo, alma y cuerpo, el **monismo** afirma más bien un solo tipo de sustancia o entidad permanente. Dos de los llamados filósofos presocráticos, Tales y Demócrito, son buenos ejemplos de monistas. El primero consideraba que toda realidad es, en última instancia, agua, mientras que Demócrito reducía lo real a una pluralidad de entidades simples o indivisibles y materiales que llamaba *átomos*. De hecho, todo lo que vemos que tiene lugar en el mundo —el movimiento, el cambio, la multiplicidad de formas y seres— no es más que el producto de la combinación de los átomos en el espacio vacío. Tendemos a pensar que sólo desde el dualismo es posible abordar la noción de *alma o psijé* de modo satisfactorio, pero esto no es así. También Tales y Demócrito lo hicieron. En el caso de Demócrito, por ejemplo, aunque todas las entidades existentes son materiales, las propiedades de algunas de ellas son peculiares frente a las de otras: así, los átomos alma son esféricos y los restantes no. Pero en ambos casos el alma es una entidad muy diferente a aquel espíritu inmortal de las religiones arcaicas. Se trata más bien de un principio cinético o de movimiento de los cuerpos. Por eso Tales afirmaba que el ámbar o el imán tienen alma, porque se supone que todo lo que puede atraer a otra cosa, todo lo que es principio motor o causa de movimiento de otra cosa, tiene alma. De modo que la existencia del alma, a menos que la entendamos como un tipo de entidad inmaterial e inmortal que subsiste a la destrucción del cuerpo, no está necesariamente vinculada al dualismo alma/cuerpo.

2. Platón: el alma encarcelada

Platón recogió ambas perspectivas en su triple división del alma. El *alma concupiscible*, situada en el vientre, es la sede y el principio motor de nuestros impulsos innobles —gula, lascivia, lujuria—; el *alma irascible*, situada en el pecho, es la sede y el principio motor del coraje, de la determinación en la lucha, del valor; finalmente, el *alma inteligible, intelectual o racional*, situada en la cabeza, inmortal e inmaterial, sede de la inteligencia, sobrevive a la destrucción del cuerpo porque es nuestra parte más noble, eterna o divina. Como vemos, la noción de *alma* del monismo, algo así como un principio motor o fuerza cinética, se conserva en Platón gracias a las dos partes corruptibles o sensibles de la misma, aquellas que mueren con el cuerpo, a saber: la irascible y la concupiscible. En consecuencia, el dualismo platónico —la distinción entre objetos materiales o empíricos (cosas) y seres eidéticos e inmateriales (ideas)— se debe en exclusiva a la existencia del alma inteligible o intelectual, entendida como entidad eterna e inmaterial que nos pone en contacto con el mundo inteligible, con lo divino.

Una característica del alma platónica que llama la atención es la *simplicidad*. Todo lo material es compuesto, y como todo lo compuesto está integrado por una diversidad, puede diluirse, separarse, desintegrarse, y por este motivo lo material es corruptible, es decir, perece. En cambio, lo simple, que necesariamente ha de ser inmaterial, no es divisible, y en consecuencia, no está sometido a corrupción, a destrucción, es eterno. Hay, por tanto, un abismo entre las ideas y las cosas, entre el alma y el cuerpo. De modo que el alma está situada sólo metafóricamente en la cabeza, porque en realidad no está situada en ningún lugar. Esto es como decir que el alma no es el cerebro, dado que si así fuese estaría sometida a corrupción y no sería eterna o divina. Recordemos que desde el punto de vista griego sólo es divino lo que no cambia, lo que presenta eternamente los mismos caracteres.

De lo anterior se sigue que para Platón el verdadero conocimiento, la ciencia, no puede tener como fundamento la experiencia, es decir, que las funciones sensoriales no son funciones cognitivas. Lo cognitivo o relativo al conocimiento y lo que se percibe por medio de los sentidos son cosas distintas. Se trata de un intento de refutar la tesis pitagórica que pone en pie de igualdad *percepción* y *conocimiento*. No se puede decir que cuando *percibo* algo *conozco* ese algo. Por ejemplo: ¿por qué si no sé japonés y se me presenta un texto escrito en tal idioma puedo percibirlo pero no lo entiendo?

3. Descartes: el fantasma encerrado en la máquina

Si nos situamos frente al espejo podemos pensar cosas como estas: «estoy adelgazando», «odio el michelín que me rodea la cintura, tengo que acabar con él», «me favorece este corte de pelo», etc. No es extraño que alguien se sienta especialmente orgulloso de una parte específica de su cuerpo o que, por el contrario, no le agrade demasiado. Esto puede desembocar en ciertas patologías. Pero al margen de ello, la cuestión es que podemos imaginarnos a nosotros mismos con características físicas diferentes de las que el espejo pone de manifiesto. Así alguien pudiera pensar: «me gustaría tener la nariz de X» o «las piernas de Y», etc. Más aún, podemos seguir concibiéndonos como nosotros mismos bajo una apariencia física completamente distinta de la nuestra: «quisiera tener el cuerpo de Z», entendiendo por lo anterior algo distinto de «me gustaría ser Z», con lo que reclamamos también la identidad personal de Z. Incluso podemos seguir concibiéndonos como nosotros mismos con ciertos rasgos de la personalidad —es decir, no físicos— diferentes de los nuestros. Así por ejemplo: «me gustaría ser tan inteligente como Einstein» o «quisiera ser más generoso con los demás». Ahora bien, lo cierto es que nuestra identidad personal no podría preservarse si alterásemos completamente todos los rasgos de nuestra personalidad, cosa que no ocurre, como hemos visto, con los rasgos de nuestra apariencia física. Esto parece indicar que nuestra identidad personal descansa en mayor medida en los rasgos que solemos denominar *mentales* que en los que llamamos *físicos*, o si se quiere, del cuerpo. El caso es que podemos pensarnos manteniendo nuestra identidad personal sin conservar ninguno de los rasgos de nuestra apariencia física. Esta es la poderosa intuición que subyace a la concepción dualista del ser humano, al *dualismo antropológico*, de Descartes: *mi yo es distinto e independiente de mi cuerpo*.

Descartes se propuso reconstruir el sistema de la filosofía de su época. Para ello había que partir de cero, dudar de todo el conocimiento que se tomaba por tal. Se trataba de cuestionar el conjunto de las verdades adquiridas hasta donde fuese posible. Descartes utilizó numerosos argumentos para poner en duda un buen número de suposiciones aceptadas acríticamente, argumentos que constituyen lo que llamamos la parte *escéptica* de la filosofía cartesiana. A este método de búsqueda de la certeza se le llama *duda metódica o hiperbólica*. Es metódica porque el objetivo es dejar de dudar; es decir, el escepticismo sólo es aquí un medio orientado a asentar de manera definitiva las verdades del sistema de conocimientos, no un fin en sí mismo. Dicho de otra manera: Descartes no es un filósofo escéptico; su escepticismo es sólo provisional o metodológico. Y es hiperbólica o exagerada porque consiste en concebir como falso todo aquello que pudiera ponerse en duda, por muy extravagante que pueda resultar la misma duda o las suposiciones que la fundamentan.

La primera de las verdades adquiridas que se pone en duda es *la existencia del mundo externo*, puesto que el contenido de nuestra experiencia, tanto interna como externa, pertenece a la conciencia, a la mente, es decir, es subjetivo. Tengamos en cuenta que las distintas sensaciones relacionadas con los sentidos se aprehenden en la mente. Así Descartes llamaba *idea* a cualquier contenido de la mente, de modo que toda nuestra experiencia perceptiva se explica en términos de ideas o fenómenos. Cuando afirmamos que el mundo externo es sustancial, que existe materialmente, como hicieron los griegos, estamos presuponiendo que a los contenidos de nuestra conciencia les corresponden ciertas entidades que *existen objetivamente*. Por *existir objetivamente* entendemos un tipo de existencia al margen del observador, esto es, el tipo de existencia que el sentido común atribuye a los objetos de nuestro entorno perceptivo: nadie puede pensar en serio que la silla deja de existir cuando dejamos de percibirla, por muy cierto que sea el hecho de que algunos aspectos de la misma, su color por ejemplo, dependen de nuestras características fisiológicas. De lo anterior se desprende que el sentido común está más próximo al *realismo ingenuo* —la presunción de que percibimos directamente el mundo externo objetivo tal y como es— que al *fenomenalismo* —la idea de que estamos en contacto directo con imágenes o fenómenos de un hipotético mundo externo que tienen lugar en nuestra conciencia—. La duda metódica, en su pretensión de encontrar un criterio absoluto de certeza, es exagerada o hiperbólica precisamente porque atenta contra el sentido común. Por esta razón Descartes se permite dudar de la existencia del mundo externo aunque el sentido común no nos lo permita.

El argumento escéptico del sueño está también orientado a este objetivo. Podríamos resumirlo así: muchas veces hemos creído encontrarnos en medio de un valle, en una playa, sobrevolando un espeso bosque, etc., cuando en realidad estábamos durmiendo en nuestra habitación rodeados del mobiliario de la misma. Es evidente que en estos casos nuestras representaciones mentales, nuestras ideas, no se corresponden con los objetos reales de nuestro entorno: la mesa, los libros, la cama, etc. El argumento del sueño está encaminado a hacernos ver que el realismo ingenuo puede ponerse en entredicho, porque llevado a su extremo nos conduce a preguntarnos hasta qué punto hay una correspondencia entre nuestras percepciones, que sólo tienen existencia subjetiva o de primera persona, y los objetos externos, que tienen existencia objetiva o de tercera persona.

Hay una formulación contemporánea muy conocida del argumento cartesiano del sueño que debemos a H. Putnam y que recibe el nombre de *la hipótesis de los cerebros en una cubeta*. Putnam nos sugiere la posibilidad, ciertamente extravagante, de que seamos únicamente cerebros en cubetas conectados por sus terminaciones nerviosas a una gran computadora. Supongamos que un científico loco, que en esta hipótesis podría identificarse con Dios, crea en nosotros la ilusión del mundo externo en su laboratorio. Supongamos también que sus medios técnicos son tan refinados que le permiten no sólo crear en cada uno de los cerebros la ilusión del mundo que nos rodea, sino también hacer que las experiencias de los distintos cerebros sean coherentes entre sí. En ello consiste la dificultad del experimento del científico y salvarla constituye su éxito. Podríamos explicarlo de otro modo: el experimento consiste en hacer que las experiencias privadas o de primera persona, lo subjetivo, puedan ser traducibles a lo objetivo, a la tercera persona. ¿De qué modo? Siendo **X**, **Y** y **Z** tres cerebros en cubetas que comparten su entorno, el científico pretende conseguir que cuando, por ejemplo, **X** tenga la experiencia privada de rascarse la cabeza, **Y** y **Z** tengan las respectivas experiencias privadas de que **X** se rasca la cabeza. El científico logrará su objetivo cuando consiga provocar la ilusión del mundo externo gracias a la *intersubjetividad*, esto es, gracias a unas relaciones entre sujetos con vistas al conocimiento, de tal modo que varios de ellos puedan coincidir en sus juicios. Es una especie de puente entre la *subjetividad* y la *objetividad*.

De inmediato surge una pregunta: ¿están en condiciones **X**, **Y** y **Z** de afirmar con rotundidad que no son cerebros en cubetas? O también: ¿estamos nosotros en condiciones de afirmar tal cosa? La fuerza de la suposición de Putnam radica precisamente en este punto. No podemos tener certeza acerca de si somos o no cerebros en cubetas por la sencilla razón de que nuestra experiencia sensorial coincidiría punto por punto y en todos los casos con la de los supuestos cerebros. Dicho de otro modo, no podemos apelar en ningún sentido a ningún aspecto de nuestra experiencia con el objeto de confirmar que no somos cerebros en cubetas, dado que si lo fuésemos y el experimento concebido por el científico tuviese éxito, nuestra experiencia sería idéntica a como es, es decir, no sabríamos que somos cerebros en cubetas, precisamente porque esa es la intención del científico cuando lleva a cabo su experimento.

¿Qué es lo que caracteriza al argumento escéptico del sueño de Descartes? Se trata de un argumento *mentalista* porque, tomando como referencia la reformulación de Putnam, aunque fuésemos cerebros en cubetas seguiríamos teniendo estados mentales, o si se quiere, eso que llamamos *conciencia*, pero no conservaríamos nuestros rasgos físicos, nuestro cuerpo. Así se explica que Descartes considere como primera verdad de su sistema la afirmación de lo mental, del yo, como sustancia independiente cuya esencia consiste en pensar, y entre cuyas propiedades encontramos la simplicidad, continuidad, inmaterialidad... Podemos dudar no sólo de la existencia del mundo externo sino también de las verdades matemáticas. De lo que no podemos dudar en absoluto es del pensamiento mismo, puesto que la propia acción de la duda es un acto del pensar. Que soy una sustancia cuyo predicado fundamental es el pensamiento es una verdad que se impone de modo absoluto. La primera verdad del sistema está más allá de la duda porque se conoce por *intuición intelectual*. Algo es *intuido* cuando, literalmente, «se me pone delante»; así las sensaciones, los deseos, los sentimientos, etc. A este tipo de intuición la llamamos *empírica*. Pero la intuición de lo mental, a diferencia de la intuición empírica, no es la intuición de una cualidad determinada, por ejemplo, un color, sino la intuición de una verdad, una verdad que se impone a nuestro pensamiento.

En síntesis, Descartes reconocía, al margen de la sustancia infinita o Dios, dos tipos de sustancia, que llamó *res cogitans o sustancia pensante* y *res extensa o sustancia extensa* respectivamente. La mente o res cogitans es independiente absolutamente de la res extensa. El alma no es sino pensamiento: una sustancia finita cuyo único atributo o esencia es el pensamiento y que se manifiesta de múltiples modos: juzgar, razonar, querer, sentir,... todos ellos actos conscientes del pensamiento. Puedo fingir mentalmente que no tengo cuerpo y que no dependo del espacio y del tiempo, pero lo que de ningún modo puedo imaginar es que no imagino o no pienso, dado que pensar esto ya sería un acto mental consciente. Por eso puedo concluir que yo soy un ser cuya esencia consiste en pensar. El cuerpo, en cambio, no es sino extensión. Es todo aquello que, ocupando un espacio, presenta los rasgos fundamentales de figura y movimiento. La concepción cartesiana del hombre es, pues, dualista. Somos alma y cuerpo.

La concepción cartesiana del hombre hace de éste un compuesto de lo que los griegos llamaban *contrarios*, en este caso, de dos sustancias irreconciliables. Siendo como somos res extensa, objeto físico, el hombre está sujeto al *determinismo* de la concepción mecanicista del universo: la mecánica celeste, las leyes de la naturaleza, también rige el comportamiento de nuestro cuerpo, así como el de cualquier otro objeto que pueda poblar el infinito espacio geométrico. Esto quiere decir que en tanto que cuerpo somos una máquina o sistema mecánico en el que la explicación se da en términos cuantitativos o de referencia a cierta relación entre las distintas partes que componen el sistema. Estamos sujetos a la férrea necesidad de las ciencias físicas en tanto que máquinas. Descartes era mecanicista en lo que respecta a la sustancia extensa, pero no respecto de la sustancia pensante. Así, el yo, la mente, el alma, puede identificarse con todo aquello que nos caracteriza y que es diferente al comportamiento de un sistema mecánico. No es extraño que el dualismo cartesiano sea representado con la metáfora del *fantasma encerrado en la máquina*, donde, evidentemente, el *fantasma* se corresponde con el *yo*, con el alma, con lo mental. Tengamos en cuenta que del lado del fantasma se encuentran la libertad y la intencionalidad, así como el ámbito entero de la moralidad, pues somos agentes morales en tanto que somos libres, en la medida en que podemos escapar al determinismo mecanicista y hacer uso de nuestro albedrío.

Este planteamiento revela la dependencia del cartesianismo respecto de ciertas doctrinas religiosas. Es obvio que si adoptásemos el punto de vista mecanicista en exclusiva, en nuestra filosofía no tendrían cabida el libre albedrío y la responsabilidad moral. Lo cierto es que el dualismo cartesiano sirvió de fundamentación filosófica de algunos dogmas clave de la doctrina de la Iglesia: sólo por el fantasma podemos condenarnos o salvarnos, porque únicamente la libertad de la voluntad puede garantizar nuestra responsabilidad en la elección de nuestros actos. Nadie en su sano juicio podría responsabilizar moralmente a un sistema mecánico o hacerlo culpable de algo que consideremos inmoral, por la sencilla razón de que carece de la posibilidad de obrar de modo alternativo a como lo hace. Por ejemplo, Terminator acude a la ciudad de Los Ángeles para matar a Sarah Connors, pero difícilmente le podremos considerar culpable o responsable más allá de la mera responsabilidad física, dado que es una máquina anteprogramada para ejecutar una orden.

4. El dualismo como dogma de fe

Lo cierto es que el dualismo, platónico o cartesiano, plantea una serie de problemas de difícil solución. Uno de los problemas relevantes que genera es el de la coexistencia e interacción de las dos sustancias, mente y cuerpo. Siendo la mente autónoma y antitética del cuerpo, ¿cómo es posible que permanezca encerrada en éste del modo en que lo está?, ¿por qué no sale a pasear de vez en cuando? O también, ¿cómo puede ser que mente y cuerpo interactúen sincronizadamente? Por ejemplo, en los *actos intencionales*: puedo pensar en realizar un cierto movimiento con mi brazo y, a continuación, ejecutarlo. Incluso parece haber aquí una cierta relación de *causalidad*. Descartes era consciente de que el carácter antitético de las dos sustancias hacía dificultosa la explicación de algo tan común como lo anterior. Según Descartes la *glándula pineal* es la solución al problema. Se trata de algo así como un vehículo que puede transmitir la información desde el orden de lo mental al de lo físico y viceversa, un vehículo de contacto entre lo mental y lo extenso. Pero, lamentablemente, la solución cartesiana deja bastante que desear por varios motivos. En primer lugar, la glándula pineal es una noción claramente *ad hoc*, es decir, creada más con el objeto de solventar un problema del sistema que como consecuencia de los principios del mismo. Por otra parte, ¿a qué tipo de sustancia pertenece dicha glándula? Si es res extensa entonces está del lado de lo físico y difícilmente podría entrar en contacto con lo mental. Si es res cogitans está del lado de la mente o del yo, y difícilmente podría entrar en contacto con lo extenso. Lo cierto es que el radicalismo del planteamiento dualista cartesiano hace imposible salvar este tipo de inconvenientes.

Por otra parte, el dualismo no reconoce la evidencia del fundamento neuro-fisiológico, molecular y celular de las capacidades y los problemas mentales. Es decir, concibe lo mental como una función de una mente independiente y no como una función del sistema nervioso central. ¿Qué son, en su origen, los estados mentales sino estados neuronales?

Otro de los problemas consiste en la incapacidad del dualismo para ofrecer una explicación satisfactoria de las enfermedades mentales. Estas deberían ser consideradas como posesión por parte de un espíritu maligno —posesión demoníaca— o como separación del alma que abandona el cuerpo. Pero si esto es así, ¿cómo es posible que nuestra personalidad, nuestra conducta, pueda verse alterada sustancialmente por el efecto de las drogas o la cirugía cerebral? ¿Y acaso un hombre al que le sean amputadas varias extremidades no sufre cambios en su personalidad?

Tampoco es consistente el dualismo con el evolucionismo, pues esta teoría no requiere de la existencia de mentes inmateriales, sólo organismos mejor o peor adaptados al medio. Sí lo es, en cambio, con el creacionismo, el cual supone la intervención de

Dios en cada una de las almas humanas, almas que resultan cerradas, acabadas, en el momento mismo de la creación.

En consecuencia, dado que el dualismo es inconsistente con la ciencia, no podemos considerarlo más que un dogma ideológico, es decir, una verdad supuesta sin fundamento racional alguno, una cuestión de fe. El siguiente texto del filósofo argentino Mario Bunge explica de manera clara esta posición frente a la típica disociación dualista entre los fenómenos mentales y los procesos cerebrales: *«Al recordar el trozo de melón jugoso y dulce que comí esta mañana se me hace la boca agua y siento ganas de comerme otra porción. El dualista «explica» este fenómeno como resultado de la acción de lo mental sobre lo orgánico. Pero no propone ningún mecanismo, de modo que no ofrece una explicación propiamente dicha. Ni siquiera dilucida el concepto mismo de acción de lo inmaterial sobre lo material. Tampoco propone experimentos en los que se controle las variables psíquicas sin tocar las orgánicas. Por lo tanto, no tenemos por qué creerle. En cambio, el psicólogo fisiológico propone una explicación científica plausible y que puede someterse al control experimental. (...) Al dejar de aspirar cocaína, el adicto no sólo se priva de placer, sino que enferma objetivamente. Su equilibrio entero se altera tanto como si se le privara de agua. (...) El dualista no explica semejantes cambios de talante que el monista explica, al menos a grandes trazos, en términos de cambios químicos que alteran la conectividad neuronal y activan o inhiben subsistemas del cerebro. Por consiguiente, cuando el dualista intenta curar los trastornos psicóticos por medios puramente verbales, fracasa, ya que las moléculas no escuchan»*.

Se hace necesario aclarar la relación que existe entre los enunciados de la ciencia —por ejemplo, «los cuerpos se atraen según una relación directamente proporcional a sus masas e inversamente proporcional al cuadrado de las distancias»— y las afirmaciones tanto de dualistas como de monistas, sean éstos del tipo que fueren. Más adelante veremos las clases de monismo con las que podemos encontrarnos. La cuestión es que, como afirma Bunge, el dualismo no es una teoría científica sino un dogma de fe. Pero tampoco el monismo es una teoría científica, pues se trata más bien de una tesis ontológica, esto es, acerca de los tipos de realidad, o de los tipos de seres o del ser en general. No debemos pensar, por lo tanto, que el monismo es en algún sentido una teoría científica. Ahora bien, pese a que dualismo y monismo sean categorías filosóficas, no científicas, lo cierto es que el monismo puede compatibilizarse con el discurso de la ciencia, cosa que, como hemos visto, no ocurre con el dualismo, lo cual, sin duda, constituye un argumento de mucho peso contra éste.

5. La medicina antigua, el detector de mentiras y los estados cerebrales

Hipócrates (400 a.C.) comenzó la historia de las tipologías al asociar cuatro tipos de temperamento o carácter a las cuatro clases de líquidos o *humores* del cuerpo. Es obvio que al planteamiento hipocrático subyace una intuición, si no monista, sí al menos reduccionista, puesto que los distintos tipos de temperamento no son más que el predominio de alguno de los *humores*:

Humor corporal	**Temperamento**
* Sangre	Sanguíneo: optimista, esperanzado.
* Bilis negra	Melancólico: triste, deprimido.
* Bilis	Colérico: irascible.
* Flema	Flemático: apático.

La teoría hipocrática es un precedente clásico tanto de la moderna teoría que correlaciona el temperamento con las secreciones glandulares, como de una serie de tipologías en las que se vinculan estrechamente ciertos rasgos somáticos o del cuerpo con algunos caracteres de la personalidad, de la mente. Es obvio que la fisiología ha cambiado mucho desde Hipócrates, hasta el punto de que su tipología resulta ingenua de puro tosca. Pese a ello, esa intuición ha hecho mella en nuestras expresiones más comunes, y eso es como decir que se ha incorporado de forma definitiva a nuestro modo ordinario, precientífico, de interpretar la realidad. Por este motivo utilizamos expresiones como las que siguen: «Me asombra tu flema, nunca pareces alterado», o «Ese tipo no tiene sangre, es un gallina», o también, «Siempre estás escupiendo tu bilis sobre los demás». La vigencia de la intuición que guía la tipología hipocrática puede constatarse haciendo referencia a otras que tienen la misma raíz que aquélla. Por ejemplo, y ya en 1936, Kretschmer asoció diversos tipos corporales a dos de las más importantes enfermedades mentales: esquizofrenia y psicosis maníaco-depresiva. El esquizofrénico suele tener un cuerpo delgado, con extremidades largas y estrecho de pecho, que Kretschmer llamó *tipo asténico*; el maníaco-depresivo propende a tener un cuerpo breve, adiposo y con tórax en tonel, llamado *tipo pícnico*. Kretschmer generalizó esta tipología a la población normal, afirmando que hay patrones claramente diferentes de rasgos de la personalidad ligados biológicamente a estos dos tipos somáticos. Se decía que la persona de tipo asténico era sensitiva, tímida y retraída, y la de tipo pícnico jovial, bulliciosa, sociable e inclinada a fluctuaciones del estado de ánimo. Tan arraigada y extendida está nuestra tendencia a correlacionar lo somático y lo mental, o en otras palabras, a reducir lo mental a lo somático, que podemos rastrearla en múltiples manifestaciones culturales. Por ejemplo: *«Yo, groseramente construido y sin la majestuosa gentileza para pavonearme ante una ninfa de libertina desenvoltura; yo, privado de esta bella proporción, desprovisto de todo encanto por la pérfida naturaleza; deforme, sin acabar, enviado antes de tiempo a este latente mundo; terminado a medias, y eso tan imperfectamente y fuera de la moda, que los perros me ladran cuando ante ellos me paro. (...) Y así, ya que no pueda mostrarme como un amante, para entretener estos bellos días de galantería, he determinado portarme como un villano y odiar los frívolos placeres de estos tiempos»*. En este fragmento de *Ricardo III* Shakespeare alude explícitamente a tal correlación entre lo somático y el carácter, el temperamento, la moralidad del individuo... Ricardo es un hombre deforme: tiene la espalda gibosa y el hombro izquierdo mucho más alto que el derecho. Se trata de alguien perverso, colérico y envidioso. Un asesino sin escrúpulos. De modo que la deformidad física entraña deformidad moral. Los rasgos de la personalidad tienen un reflejo, una huella en el cuerpo. O lo que es lo mismo: la cara es el espejo del alma.

Otra forma de reduccionismo, aunque no es un monismo porque se trata de una teoría psicológica y no constituye por sí mismo ninguna propuesta ontológica —es decir, acerca de los tipos de realidad que pudiera haber— es el ***conductismo***. A tal extremo el conductismo no es una forma de monismo, pues incluso podría hacerse compatible con el dualismo: un conductista puede admitir la existencia de la mente y considerar, simultáneamente, que la única manifestación observable de la misma se produce a través de la conducta. Dado que el conductismo está ligado a una concepción de la psicología como saber científico, la exclusión de lo mental tiene que ver con la posibilidad de aplicar el método experimental de las ciencias.

También el conductismo tiene su raíz en una intuición popular arraigada y extendida. Volvemos a Shakespeare para ilustrarlo.

Hamlet ha tenido un encuentro con un espectro, el de su padre, que le revela que fue vilmente asesinado por su tío, que es quien ahora ostenta el trono de Dinamarca. Hamlet planea que el rey presencie una representación teatral en la que los hechos son muy similares al crimen que el espectro le atribuye. Hablando con Horacio, afirma lo siguiente: *«Te suplico que, cuando llegue ese momento, con toda la intensidad de tu alma observes a mi tío»*. ¿Qué es lo que está suponiendo Hamlet? Indudablemente una cierta correlación entre los estados mentales y la conducta, porque está seguro de que los gestos, quizá uno involuntario, acabarán delatando su culpabilidad. Es evidente que aquí opera un principio, no teórico, sino más bien intuitivo, que llevado a su extremo nos convertiría en conductistas: *todo estado mental tiene un correlato conductual*. Si unimos lo que acabamos de comentar con la fidelidad al método observacional casi podemos deducir el hecho de que los conductistas rechacen la introspección —la observación interior de los estados de ánimo o de conciencia— como método científico para acceder a lo mental, y pretendan sustituirla por el estudio empírico de la conducta. Sólo los fenómenos observables, es decir, aquellos que pueden ser enunciados en términos de tercera persona, pueden considerarse como objeto de un estudio psicológico científico y riguroso. Únicamente aquello que pueda ser observado y analizado bajo condiciones objetivas, a saber, experimentales, puede formar parte de la investigación psicológica conductista. En consecuencia, los estados mentales o de conciencia, lo irreductiblemente privado o subjetivo, es metodológicamente eliminado. En realidad, un conductista no tiene por qué negar radicalmente la existencia de los estados mentales, de la conciencia, sino que se trata más bien de afirmar que estos no pueden desempeñar ningún papel relevante en la investigación psicológica.

Para una buena comprensión del conductismo es necesario tener en cuenta qué es lo que se entiende en este contexto por *conducta*. Se trata de un término que designa un concepto más amplio que el de su uso coloquial. Cualquier reacción del organismo que pueda ser medida, aunque no pueda ser observada a simple vista, está incluida en la noción conductista de *conducta*. Así por ejemplo, el ritmo cardíaco, la salivación, el sudor, el pulso, la segregación de sustancias relacionadas con las alteraciones emotivas, como la adrenalina, por ejemplo, etc. En cualquier caso, el conductismo deja por dilucidar una cuestión fundamental: ¿hasta dónde puede llevarse la correlación entre lo mental y lo conductual? Desde luego que es una tarea no exenta de dificultades ni de posibles graves errores. ¿Podríamos correlacionar, por ejemplo, ciertas contracciones súbitas del rostro con un estado mental de sorpresa? ¿Nos garantizan las lágrimas la presencia de la tristeza o de la alegría? Evidentemente, la garantía sólo es parcial. Es bastante probable que mediante estas analogías no nos equivoquemos al atribuir a los distintos sujetos ciertos estados mentales que acompañan a su conducta. Pero si buscamos la precisión que debe proporcionar una investigación rigurosa, estamos lejos de conjurar el error. De hecho, los artefactos que tienen como fundamento alguna de estas correlaciones, como por ejemplo, el polígrafo o detector de mentiras, presentan un índice de error bastante elevado. No es difícil suponer dónde se encuentra el fallo del detector de mentiras: del mismo modo que las lágrimas no son garantía necesaria de tristeza o alegría, el hecho de que se produzcan ciertas alteraciones en un organismo, por ejemplo, el aumento de las pulsaciones, tampoco puede serlo en otros sentidos. Parece que el conductista aborda con unas pocas variables un problema que requiere de la consideración de otras muchas.

Pese a que los conductistas han negado que su punto de vista sea un reduccionismo, lo cierto es que diluyen toda nuestra vida psíquica en nuestras manifestaciones conductuales. Aunque no se identifique lo mental y lo conductual, la interpretación conductista prescinde por completo de lo primero, y esto es algo que el sentido común no admite. Una cosa es rechazar la introspección —el conocimiento directo de los estados mentales— como método, y otra muy distinta desterrar del análisis psicológico todo lo subjetivo, el ámbito privado de la conciencia. Parece que la relevancia de lo mental es innegable en el dominio del análisis psicológico. Nadie podría rechazar en serio la existencia de los distintos estados mentales que configuran su propia conciencia. ¿No es indiscutiblemente cierto que tenemos dolores, deseos, creencias, etc.?, ¿es razonable diluirlos en sus hipotéticos correlatos conductuales? Y, más importante aún, ¿es satisfactoria tal reducción? Todos sabemos, y no es necesario discutirlo, que los estados mentales internos acompañan a nuestra conducta externa. Pues bien, el conductista parece no haberse dado cuenta de ello. Por esta razón, los conductistas han sido objeto de innumerables bromas. Por ejemplo, después de hacer el amor dos conductistas, uno le dice al otro: *«Fue estupendo para ti, ¿qué tal me fue a mí?»*.

Podríamos definir el *materialismo* como la doctrina que sostiene que la microestructura de la realidad está compuesta exclusivamente de partículas materiales. Así que todo lo que existe es de naturaleza física. Debemos tener cuidado de no confundir conductismo y materialismo, puesto que no son, ni mucho menos, puntos de vista identificables. De hecho, el conductismo es una solución fundamentalmente metodológica al problema de la inobservabilidad de los estados mentales. Se trata de establecer un criterio de distinción entre las proposiciones observables, que es como decir traducibles a un lenguaje de tercera persona —por ejemplo, *«me ha salido un grano en la nariz», «me tiemblan las piernas»*— y las que hacen referencia a estados mentales, que sólo son verificables a través de la introspección de quien dice tenerlos —*«tengo frío», «me duele una muela»*—. El materialismo, en cambio, constituye un punto de vista esencialmente ontológico. Es decir, niega la posibilidad de que exista algo parecido a lo que Descartes llamó res cogitans. El fantasma cartesiano, inmaterial e inmutable, no existe. Sólo hay un tipo de realidad: la materia. No es extraño, pues, que el materialismo se haya ligado tradicionalmente a concepciones mecanicistas del universo y al ateísmo.

El ***materialismo reduccionista*** o ***monismo reduccionista*** rechaza la existencia de todo lo que es irreductiblemente privado, lo subjetivo. Y precisamente esto es lo que caracteriza la conciencia, lo mental, pues toda experiencia consciente lo es *de alguien*, esto es, se da en términos de primera persona. Este afán objetivista hace que los partidarios del monismo reduccionista identifiquen los estados de conciencia con ciertos patrones objetivos, como por ejemplo la actividad neuronal o, en general, rasgos neurofisiológicos del cerebro. De modo que lo que llamamos *mental* acaba siendo reducido a lo material, porque los estados mentales son idénticos a los estados físicos del cerebro. Por esta razón el materialismo reduccionista recibe el nombre de *teoría de la identidad*. Pero si lo mental puede reducirse a lo físico, entonces, ¿por qué nuestro lenguaje rebosa de terminología mentalista? ¿Por qué no utilizamos las expresiones fisicalistas equivalentes? El materialista suele responder a lo anterior apoyándose en nuestra ignorancia acerca del funcionamiento del cerebro. Afirman que si tuviésemos un conocimiento adecuado del mismo, en nuestro lenguaje no tendrían cabida las expresiones con las que designamos lo mental. En consecuencia, la desaparición de los rasgos mentalistas de nuestras expresiones es sólo una cuestión de tiempo y de conocimiento. En este sentido, un autor llamado Rorty propone un ejemplo curioso: en el otro extremo de nuestra galaxia una comunidad inteligente tiene un conocimiento tan refinado de su propio organismo que en su lenguaje no existen expresiones que hagan referencia a lo mental. Los *Antípodas*, tal y como los llama Rorty, nunca utilizarían una expresión del tipo «¡Cuidado!, ¡eso te va a doler!», por ejemplo, sino que dirían algo como: «¡Cuidado!, ¡vas a estimular tus fibras-C!».

Pero esta reducción materialista presenta serias dificultades. Por una parte, nos sentimos inclinados a preguntarnos: ¿por qué cuando observamos un cerebro vivo no *vemos* los pensamientos? Parece obvio que es necesario correlacionar los estados mentales con sus respectivos estados neuro-fisiológicos, y para ello necesitamos un código que requiere de un conocimiento de nuestro organismo que quizás no esté a nuestro alcance. Por otra parte, como afirma Searle, otro filósofo contemporáneo nuestro, si bien los Antípodas utilizan terminología fisicalista para referirse a sus estados mentales, lo cierto es que no por ello dejan de tenerlos, simplemente los denominan de otro modo.

Nuestras nociones preteóricas o precientíficas suelen hacer referencia a los rasgos subjetivos de los estados mentales. Por ejemplo, decimos que sentimos calor. El tratamiento mecanicista consiste en la reducción de esta sensación subjetiva a una serie de caracteres objetivos o numéricos, que son propios de toda noción científica físico-matemática. En el caso del calor, que es la noción que hemos tomado como ejemplo, éste acaba reduciéndose al movimiento molecular, de modo que se eliminan los rasgos subjetivos del concepto. Habría que señalar que este tipo de reducción no es análogo al que pretenden los materialistas respecto de lo mental. ¿Por qué es satisfactoria la reducción anterior del calor al movimiento molecular? Por una razón muy simple: lo que nos interesa del calor no es su aspecto fenomenológico o subjetivo, la descripción de las sensaciones que pueda producir en nosotros, sino aquello que podemos considerar una causa física u objetiva del mismo. Pero ahora situémonos en la perspectiva de la reducción materialista. El problema surge, así lo expone Searle, cuando lo que más nos interesa es precisamente el aspecto fenomenológico, subjetivo, privado o aparente, de ciertas experiencias conscientes. En el dolor, por ejemplo, son esas sensaciones subjetivas lo que nos interesa. Es cierto que podríamos redefinirlo en términos de la actividad neuronal que tiene lugar cuando se producen las sensaciones subjetivas de dolor. Pero esa reducción es insatisfactoria, no puede ponerse en pie de igualdad con la reducción del calor al movimiento molecular, puesto que el aspecto fenomenológico irreductiblemente subjetivo del dolor no está presente en una descripción de eventos neurofisiológicos. En otras palabras: no es lo mismo afirmar *«Tengo un fortísimo dolor de muelas»* que *«Han sido estimuladas mis fibras-C»*.

6. ¿Es la conciencia un rasgo especial de algunos seres vivos?

El ***monismo emergentista***, que tiene como representantes más ilustres a M. Bunge y J.R. Searle, establece una distinción muy importante entre *propiedades resultantes* y *propiedades emergentes*: *«Cuando dos o más cosas se combinan formando una tercera, ésta puede o no poseer propiedades que caracterizan a sus precursores. Por ejemplo, el añadido de un grano de arena a una playa no modifica cualitativamente a ésta. Pero si dos neuronas se conectan entre sí, pueden sincronizar sus actividades, o una de ellas puede excitar o inhibir a la otra. Estas propiedades sistémicas se llaman* emergentes, *y el proceso de su aparición se llama* emergencia. *En cambio, las propiedades de un sistema que también son poseídas por sus componentes se llaman* resultantes». El emergentismo supone un intento de fraguar una concepción del mundo no mecanicista o fisicista. De modo que se puede dar cabida a la conciencia y los estados mentales en general como *propiedades emergentes* del sistema nervioso central. La cuestión es que la perspectiva mecanicista del mundo no nos permite establecer diferencias entre las cosas que vayan más allá de su configuración. Para el mecanicista, conociendo los componentes de un sistema conoceremos el sistema mismo: *«Por ejemplo, el conocimiento de los componentes moleculares de una célula sería necesario y suficiente para entender la célula. La maravillosa variedad cualitativa del mundo refuta esta visión simplista, aunque, hasta cierto punto, fértil»*, nos dice Bunge.

El monismo emergentista pretende superar al monismo reduccionista porque considera que lo mental o la conciencia es un rasgo emergente de ciertos sistemas complejos que llamamos *cerebros*, entendiendo por tal algo que no puede ser reducido a una cierta mecánica entre las partes integrantes del conjunto. El siguiente texto de Searle ilustra la cuestión de nuevo: *«Supongamos que tenemos un sistema, S, compuesto de los elementos a, b, c,... por ejemplo, S podría ser una piedra y los elementos podrían ser moléculas. En general, habrá rasgos de S que no son, o no nece-*

sariamente, rasgos de a, b, c,... por ejemplo, S podría pesar 20 Kg., sin que las moléculas individualmente pesen 20 Kg. Denominamos a estos rasgos del sistema. *La forma y el peso de la piedra son rasgos del sistema. Algunos rasgos del sistema pueden ser deducidos, o determinados, o calculados a partir de los rasgos a, b, c,... simplemente por la forma en que se componen y ordenan (y, algunas veces, por sus relaciones con el resto del entorno). Ejemplos de ellos serían la forma, el peso y la velocidad. Pero algunos otros rasgos del sistema no pueden ser determinados sólo a partir de los elementos que los componen y de las relaciones con el entorno. Han de ser explicados a partir de las relaciones entre los elementos. Llamémosles* rasgos del sistema causalmente emergentes. *La solidez, la liquidez y la transparencia son ejemplos de rasgos del sistema causalmente emergentes. Según estas definiciones, la conciencia es una propiedad causalmente emergente de los sistemas. Es un rasgo emergente de ciertos sistemas de neuronas en el mismo sentido en que la solidez y la liquidez son rasgos emergentes de sistemas moleculares. La existencia de conciencia puede ser explicada por las interacciones causales del cerebro al micronivel, pero la conciencia misma no puede ser deducida o calculada a partir de la mera estructura física de las neuronas sin alguna explicación adicional de las relaciones causales entre ellas».*

Ya hemos dicho que al punto de vista expuesto podemos denominarlo *monismo emergentista*. Es monismo porque mantiene que los procesos o estados mentales son procesos o estados del sistema nervioso central, es decir, rasgos físicos del organismo. Al igual que el materialismo reduccionista entiende que lo mental no puede interpretarse como una entidad independiente de lo material. El fantasma cartesiano carece de fundamento, porque ha sido absorbido por una nueva interpretación no mecanicista del organismo. Este es algo más complejo, contiene jerarquías que no son susceptibles de ser explicadas mecánicamente. El monismo emergentista, a diferencia del materialismo reduccionista, sostiene que el cerebro es un biosistema irreductible a las células que lo componen o a sus propiedades físicas. Esta noción emergentista puede explicarse por referencia a la emoción estética que pueda desencadenar en nosotros un determinado conjunto de sonidos, colores, etc. ¿Podemos reducir un preludio de Bach, en este sentido, al conjunto de notas que lo integran o a algún tipo de relación mecánica entre las mismas? Esta parece ser la noción central del monismo emergentista.

PARA SEGUIR PENSANDO...

1. Indica qué diferentes sentidos adquiere el término *mente* o equivalentes en las siguientes oraciones y busca expresiones similares:

   a) Mi cuerpo me empuja a ello, aunque mi mente diga lo contrario.
   b) Su espíritu pasó a mejor vida.
   c) Tiene un carácter muy débil, cualquiera podría engañarlo.
   d) No me gustan los forzudos: mucho músculo, poco cerebro.
   e) Según Platón sólo la inteligencia capta las esencias, nunca los sentidos.
   f) Ese niño es muy inteligente, se comporta como un adulto.
   g) Las virtudes del alma son sacrificios del cuerpo.
   h) La cara es el espejo del alma.
   i) Todas las actividades que llamamos *mentales* se reducen a hechos físico-químicos del cerebro.

2. Explica las diferentes características que Descartes atribuye al cuerpo y la mente respectivamente.

3. ¿Qué ventajas crees que aporta el punto de vista conductista a la investigación de lo mental? ¿En qué prejuicio incurre según el texto?

4. *a)* Elabora un mapa conceptual del texto de Searle que aparece en la última página.
   b) ¿Qué diferencias encuentras entre el fantasma cartesiano y la conciencia tal y como la describe Searle en el texto?
   c) ¿Qué quiere decir que lo mental es una *propiedad emergente de los distintos elementos del cerebro*?
   d) ¿En qué sentido puede decirse que la concepción emergentista de lo mental es una concepción *monista*?

5. Explica la diferencia entre el *monismo emergentista* y el *materialismo reduccionista*.

6. Lee el siguiente texto sobre la diferencia entre mentes y máquinas:

«Quiero significar que es posible programar una máquina para que realice una tarea rutinaria, de un modo tal que la máquina jamás advierta ni siquiera los hechos más obvios vinculados con lo que está haciendo; en cambio, apercibirse de determinados hechos vinculados con lo que se está haciendo es algo inherente a la conciencia humana. Pero el lector ya sabía muy bien esto. Si alguien oprime el «1» de una máquina sumadora, y luego repite la operación, y la sigue repitiendo sin cesar durante horas y horas, la máquina no aprenderá jamás a anticiparse al operador sumando un nuevo «1» por sí mismo, a pesar de que cualquier persona asimilaría muy rápidamente el comportamiento repetitivo. O bien, para agregar un ejemplo simple, un automóvil jamás captará la idea de que es necesario no chocar con otros automóviles o con obstáculos cuando circula; por mucho o muy bien que haya sido conducido, tampoco llegará a aprender ni siquiera los trayectos más habituales de su propietario. (…) En un torneo de ajedrez por computadoras que tuvo lugar no hace mucho en Canadá, un programa —el más endeble de todos los que competían— presentó la característica inusual de abandonar antes que el juego terminase. No practicaba un buen ajedrez, pero tuvo al menos la rescatable cualidad de advertir las situaciones sin salida, y retirarse de inmediato, sin aguardar que el programa rival desarrollase el aburrido ritual del jaque mate. A pesar de que perdió todas sus partidas, mostró un estilo; muchos de los expertos locales en ajedrez quedaron impresionados. En resumen, si se define el sistema *como* efectuar movimientos en un juego de ajedrez, *resulta claro que este programa contó con una refinada y anteprogramada capacidad para abandonar el sistema. Por otra parte, si se entiende que* el sistema *es* todo lo que ha sido programado para que la computadora haga, *no hay duda de que la computadora no contó con aquella capacidad»*. (D.R. Hofstadter, *Gödel, Escher, Bach*, Ed. Tusquets, Barcelona, 1989. PP. 42-43).

a) Elabora un mapa conceptual del anterior texto de Hofstadter.

b) Explica la diferencia entre mentes y máquinas según el citado texto.

7. Lee el siguiente artículo de Manuel Vicent publicado en el diario El País el 10 de enero de 1999.

OTRO AMOR

«En la vida ordinaria, las parejas se enamoran de fuera hacia adentro. Primero se interpone el cuerpo y después, con un poco de suerte llega el alma. Al cruzarse en cualquier parte esos dos seres que luego serán amantes se encuentran con un rostro, unas manos, unas piernas, unos ojos, con la superficie humana que está expuesta a la intemperie. A partir de esta atracción física, la pareja se acerca, traba un conocimiento, expresa unos sentimientos, desvela su pasado, proyecta una felicidad común, se va introduciendo en el alma del otro y llega un momento en que se produce esa conexión deslumbrada de ambos espíritus que se llama amor. Pero cada día son más las parejas que se relacionan por primera vez por medio de Internet. En este caso, al contrario que en la vida ordinaria, el amor se desarrolla de dentro hacia afuera. Alguien lanza un mensaje anónimo a la red, con un nombre supuesto. A este reclamo acude desde el otro lado del planeta una internauta y en la pantalla del ordenador se produce un primer contacto entre dos almas desconocidas que empiezan a ofrecerse datos de su espíritu: deseos, fantasías, falsos sueños, promesas imaginarias, aspiraciones de belleza, todos esos materiales con que se fabrica una gran pasión. El cuerpo no ha intervenido todavía. Una vez enamorados de su alma los internautas comienzan a mandarse fotografías, la de la primera comunión, aquélla tan bonita del parque, una de muy joven en que salió guapísimo. Estas imágenes son tan irreales como los sentimientos que previamente estos amantes se habían ofrecido, pero el engaño ya no tiene importancia. Así le sucedió a un gordo y seboso señor de Hamburgo que conectó con una gorda y decrépita señora de Toronto.

Se encontraron en un punto virtual de la red. Comenzaron a intercambiarse unos sentimientos delicados, deseos puros o tal vez inconfesables; abrieron sus respectivas almas en el espacio inmaterial y desde esa intimidad, seducidas a causa de tanta perfección, fueron concretando sus figuras y primero se mandaron mutuos retratos donde aparecían jóvenes y radiantes. Finalmente se dieron una cita en el Plaza de Nueva York y allí se descubrieron gordos, viejos e incluso repulsivos, pero ya se habían enamorado ciegamente por dentro. La sorpresa que se llevaron fue la contraria que se produce cuando alguien, fuera de Internet, se enamora de un cuerpo espléndido y se encuentra con un alma idiota».

a) Explica la diferencia entre el amor ordinario y el que tiene lugar vía Internet.

b) ¿Qué quiere decir el autor con la analogía que establece al final del texto?

LOS REFLEJOS DE MI YO

VICENTE BALLESTER GARCÍA

No os puedo hablar de mí. Aunque quisiera. Pero debo hablaros *desde mí*. No podría ser de otro modo. «No me digas quién eres, quiero endiosarte», dice el escritor Elías Canetti. Falso problema. No podemos decir quiénes somos, porque no lo sabemos, nunca llegamos a saberlo. Construimos ideas sobre lo que somos, en las que nos *sentimos* más o menos reflejados, deseamos identificarnos con una serie de imágenes que nos hacen sentir bien, únicos, especiales; aunque esas mismas ideas e imágenes nos hagan sentir, tan a menudo, solos, incomprendidos, náufragos. Nos montamos una isla, con su palmera y todo (azotada, a veces, por fuertes vientos), rodeada naturalmente de un inmenso mar (del cual llegan, a veces, salvadores que acaban por ser piratas). Más aún, nos imaginamos melenudos, con la ropa desaliñada y, sobre todo si somos chicos, con una abundante barba de náufrago. Y gritamos desde nuestra pequeña isla sin saber muy bien si queremos que nos oigan.

Cuando Canetti decía aquello se refería al amor a otro, que consiste, como sabemos, en un endiosamiento. Atribuimos al amado propiedades que éste jamás tuvo: lo imaginamos más atractivo, sensible, valiente, de lo que en realidad nadie es. Pero nos sentimos satisfechos. Y no sin razón. Porque, evidentemente, no vemos esas cualidades en *cualquiera*. Nuestro amado quizá no sea así exactamente, pero tenía aquello que hizo que nosotros le viéramos así. Y eso es lo importante. Dicho de otro modo, para que yo vea un color determinado ha de haber la luz apropiada que me permita verlo; sin luz no hay color; más aún, sin objeto en el que se refleje la luz, no puedo ver el color. Pero, al fin y al cabo, soy **yo** quien ve el color. ¿Está ahí *realmente* el color? ¿Y a quién le importa? Yo lo he visto, y con eso basta. (Aunque acabe desilusionándome cuando la luz se apague).

Cuando Canetti decía aquello se equivocaba al suponer que alguien (aunque lo intentara con sinceridad) podría decirte *de verdad* cómo es; pero acertaba en su deseo de querer endiosarle. Porque al hacerlo aceptaba (quizá un poco irresponsablemente) la locura del enamorado, del que quiere mantener por más tiempo la imagen de aquello que le reconforta y le reconcilia con la vida: la punzada de la pasión, el nerviosismo del beso, el sentirse vivo. Y lo hacía quizá a sabiendas de que ese mismo endiosamiento tiene una parte de crueldad: somos *nosotros* quienes necesitamos creer en ese dios, y nosotros mismos derribaremos quizá ese ídolo con la misma pasión con que lo construimos. Por eso se dice del amor que es locura, una locura que también padecemos, que debemos padecer, cada vez que queremos construir nuestro **yo**. Sabemos que somos cambiantes, que pocas cosas son duraderas en nosotros, que somos moldeables y moldeados por tantas y tantas influencias; pero nos empeñamos en creer en nosotros mismos como dioses: capaces de crear una personalidad, una voluntad; de ser diferentes, únicos… náufragos.

* * *

Es evidente que nos preocupa nuestra **imagen**. Pero, ¿a qué nos referimos con «imagen»? Porque son imágenes las representaciones que nos permiten identificar, evocar o recordar algo o a alguien; pero también son imágenes lo que se forma en nuestro cerebro cuando percibimos algo, y que queda impreso en algún rincón de ese cerebro, y no siempre como una fiel representación; y también son imágenes las complicadas escenas de los sueños, y las fantásticas alucinaciones de la imaginación. De hecho, el verbo imaginar (crear, elaborar, combinar imágenes) ha adquirido en nuestro lenguaje un sentido profundo y revelador. Todo lo que sé de mí es una imagen. O, mejor, muchas imágenes. Todo lo que sé de mí es imaginado, podría decir. Como muchos reflejos, como muchos espejos en los que me miro y veo imágenes reflejadas. Imágenes que, una vez más, nunca son fieles, nunca son definitivas y, además, no dependen sólo de mí. Aunque mías sean las miradas.

Primera mirada: soy un cuerpo.

Es razonable pensar que lo único que tengo cuando nazco es mi cuerpo. Y decir que «lo tengo» ya es decir mucho, pues presupone que soy un sujeto que «tiene». Y sólo tiene quien quiere y puede. Y el bebé, me temo, ni quiere ni puede. De bebé, soy un cuerpo, eso es indudable. Un cuerpo que siente, que percibe calor y frío, que pronto nota la luz y la sombra, y los colores, y los olores... Como cualquier animal, el bebé sabe sin saber. Ha recibido una herencia que le capacita, en principio, para mucho. Pero, de momento, depende muy poco de él mismo.

Está claro que *lo que yo sea* no lo puedo hacer recaer en eso que yo era cuando recién nací. Mi cuerpo me viene dado, y sólo cuando empiezo a percibirlo lo voy reconociendo como propio: mis manos, mis pies, al principio todo separado y, al fin, todo reunido, hasta que el espejo me muestre como individuo. Podré decir entonces que identifico mi cuerpo, porque lo veo como uno y distinto, como único y diferente, como especial por primera vez. Es lo que se llama **identidad corporal**. Mi cuerpo no es el de mi hermano, ni el de mis padres, ni el de la vecina. Quizá no podré explicar lo que siento, pero algo ha calado en mí: cada vez que vea ese cuerpo reflejado me veré **a mí**. Más aún, me veré a mí como único y, autocomplaciente en esa verdad, me bastaré. Haré que todo gire en torno a mí, de un modo entrañablemente egoísta, autosatisfactorio. Es esa etapa de comprensible crueldad hacia lo que ponga en peligro el ego que todos hemos visto en los niños de dos años (especialmente violentos con lo que les rodea, pero al tiempo encantadores), y de la que algunos no sé si llegamos a salir alguna vez.

El ensimismamiento, la continua sorpresa por reconocer lo propio (que a veces llega a ser «todo»: un verdadero microcosmos). Y la sorpresa mayúscula por reconocernos fuente de placer y dolor, polos de la acción que son, desde el principio, los estímulos básicos, la atracción y la huida, y que se convierten (como en el resto de animales) en la base natural de la motivación. Placer y dolor, efectivamente, en su origen *simplemente* naturales, pero que con el tiempo derivarán en conceptos de gran potencia para definir mi identidad personal, pues ni más ni menos se constituyen en un verdadero «puente» entre lo físico (deseo, placer, huida, dolor) y lo psicológico (lo que me gusta, lo que me disgusta). Un puente entre lo corporal y lo mental que los psicólogos identifican con un término especialmente «fuerte» para saber quién soy: el

erotismo, entendido como aquello que *provoca* a mis sentidos y, con ellos, a todo mi *yo*. Un verdadero trampolín hacia «saber lo que quiero».

Relacionado con todo este proceso, gracias al reconocimiento de mi identidad corporal sé que «tengo un cuerpo», y gracias al reconocimiento de la identidad sexual sabré que tengo un cuerpo «chica» o un cuerpo «chico». La identidad sexual, pues, en sus raíces identidad corporal, naturalmente constituida desde nuestro sexo. Un sexo que dejará de ser neutro muy pronto y que marcará lo que nos gusta y lo que nos disgusta, lo que nos atrae y lo que nos repulsa. Y así, el reconocimiento de lo propio quedará, desde el principio, vinculado al sexo en el que se nazca: desde bien pequeños se nos asignan cualidades, ropas, objetos (el azul y el rosa), dependientes del sexo biológico. A eso se le llama «sexo de asignación» porque, efectivamente, nos lo *asignan* los demás y, tal como lo van asignando, van haciendo lo posible para que nos identifiquemos con ello: si somos niños se nos incentivará el placer por lo violento o lo arriesgado, si somos niñas, el placer por lo tierno y lo ordenado.

Pero por suerte, al menos tan importante como lo que nos viene dado, queremos que sea lo que se produce en nosotros mismos: la relación con nuestro cuerpo, las vivencias, los sentimientos que nos produzca ese cuerpo, sexuado, reflejado en el espejo. Y así, nos sentiremos especialmente únicos cuando, sin la influencia de los demás, refugiados en esa incipiente relación con nosotros mismos, tengamos la íntima convicción de lo que nos gusta y lo que nos disgusta. Cuando nadie me ve, cuando sólo me veo yo, entonces empiezo a descubrir los sentimientos, no necesariamente reflexionados, sólo sentidos, vividos, de lo que me transmite mi cuerpo. Y aunque esas vivencias y sentimientos ya nunca serán tan autosatisfactorios como a los dos años, seré más *yo* cada vez que, casi en clandestinidad, me siga viendo como lo que soy: un cuerpo. Momentos que, para conocerme, deberé estar presto a *sentir*, aunque, lamentablemente, la relación con mi cuerpo sea cada vez menos mía en la medida en que tome conciencia de «los otros» y de sus cuerpos, e introduzca la comparación.

Por otra parte, desde que se produce el mágico instante en que me reconozco como individuo, habrá otra certeza que me acompañará inevitable: mi cuerpo, siendo único, siendo claramente identificable, cambia, y lo hace constantemente, y a veces de forma radical y brusca, como cuando veo aparecer un patético grano en mi rostro. Y aunque, naturalmente, eso no hace, en principio, tambalear mi identidad, si lo pienso un poco, me conduce a una preocupante paradoja: si soy un cuerpo y mi cuerpo cambia, ¿yo cambio? ¿Cómo seguir viéndome como soy si el que cambia es «*él*»? Y la problemática evidencia me acompañará por mucho tiempo: yo soy una cosa y mi cuerpo parece ser otra (que depende de misteriosos mecanismos que no controlo). De hecho, cuando hablo, suelo referirme a mi cuerpo en tercera persona (es *él* quien me duele, quien me produce placer)... La Naturaleza (esa extraña entidad con la que nos referimos a todo lo que no depende de nosotros mismos) me hizo cuerpo, y esa misma Naturaleza me cambia, me dirige, me hace y rehace. Soy todo Ella. Si me crece el pelo, si engordo, si crezco y una de esas tablas de medir altura (esa que papá ha puesto en la habitación para que podamos desesperarnos si no crecemos «lo suficiente») lo indica, cada vez, veo que Ella me tiene en su poder. Y si no, también.

Al mismo tiempo, y como una especie de alivio momentáneo, iré notando que ante tanto poder de «lo natural» se puede ejercer un contrapoder. Si me crece el pelo, lo puedo cortar o recoger, si engordo, puedo usar ropa que lo disimule, si crezco «poco» puedo usar otro calzado. Naturalmente, todo eso tiene sus límites (y parece que Ella siempre tiene las de ganar), pero algo clave, una vez más, ha sucedido: la Voluntad, al principio la de los otros, pero muy pronto la que llamaré **mi voluntad**, es el poder en mis manos para cambiarme. Puedo hacerme y rehacerme. No sólo me hace y rehace la señora Naturaleza. No todo está perdido. Mi cuerpo apareció como un conjunto de atribuciones, de cualidades, de órganos que si bien siento como un todo, soy capaz de «mutilar» según mis necesidades, y así empiezo a diferenciar: no me importa mi altura, pero este pelo de tacha... y estas orejas... y estos bracitos... Está claro que la Voluntad me da órdenes cada vez más irritantes. Órdenes tan contradictorias que se resuelven en otro imperativo, mitad consuelo mitad autoafirmación: no se puede querer todo, ¡soy lo que soy y así es como me han hecho!

Así es como me han hecho. Acepto haber sido hecho (no me queda otro remedio), con lo que la culpa (siempre la culpa) de lo que yo sea empieza a caer del lado de los otros: de lo que por Naturaleza (los benditos genes) me han dado, o de la Voluntad, tan moldeable y variable por factores que cada vez siento menos como *míos*.

Segunda mirada: soy lo que soy.

Me ha resultado difícil verme a mí mismo sin que lo Otro (la Naturaleza, la Voluntad —tan aparentemente mía) o los otros no hayan metido sus narices. Las creencias que yo mismo tengo sobre mí están, desde luego, «contaminadas» por mi relación con los demás: si digo, por ejemplo, que no soy suficientemente valiente lo estoy diciendo, evidentemente, en relación con lo que «se supone» significa ser valiente. Estoy, además, muy probablemente, confundiendo el sentimiento de «tener miedo» (un sentimiento totalmente legítimo, hijo de aquel impulso básico de la huida ante lo doloroso o lo peligroso) con la acción de ser cobarde. Porque es cobarde no el que tiene miedo, sino el que actúa de forma contraria a sus convicciones, contra su voluntad, dejándose llevar... Se puede sentir miedo y actuar con valentía, como también se puede no sentir miedo pero ser muy cobarde. Como los que aprovechan los grupos o las masas para «hacerse los valientes» y demostrar «que no tienen miedo» a, por ejemplo, participar en una pelea. O si no que le pregunten al del chiste, aquel que contaba que había visto una pelea callejera en la que cuatro estaban apaleando a un indefenso ancianito y cuando le preguntaron qué hizo contestó: «Pues entre los cinco le pegamos una paliza...». Escena que, por cierto, me recuerda a aquella de la película *La naranja mecánica* en que el grupo de futuristas vándalos linchaba a un viejo vagabundo: sin duda esos tipos no tenían miedo, pero ¿eran valientes? Si no habéis visto la película, debéis hacerlo cuanto antes.

Sentimientos y acciones; esas son las dos bazas más duras a jugar en la constitución de mi yo. Porque, ¿qué me quieren decir cuando, en un alarde de originalidad, los otros me gritan «¡sé tú mismo!»? Pero, ¿cómo no voy a ser «yo mismo» en algún caso? ¡Siempre lo soy ¿no?! Es como si se le grita a alguien «¡Sé espontáneo!». Bonita paradoja. Si obedece, deja de ser espontáneo, pero si no lo hace también. Supongo que cuando se nos dice «sé tú mismo» lo que se nos quiere decir es que nuestras acciones sean coherentes con nuestros sentimientos. Pero, ¿con qué sentimientos? ¡Los míos, por supuesto! Porque, si es cierto lo que decíamos más arriba, puedo **sentir** miedo, pero **siento** que debo actuar. Y controlando ese **sentir**, me **siento** más «yo». Y así, algo he avanzado, ser yo mismo no debe ser actuar simplemente como siento, sino actuar según lo que siento sobre lo que siento (y así, empiezo a pensar...). Y ya sé que, con todo esto, me muevo todavía en el terreno de las creencias, pero es que, me temo, uno es lo que cree ser íntimamente (cuando se mira en el espejo de sus sentimientos y acciones pasadas) más la imagen que las miradas de los otros nos devuelven.

Porque supongo que cuando alguien me dice «sé tú mismo» no está apelando al conformismo de los sentimientos más básicos («yo siempre he sentido miedo y *por eso* soy un cobarde») sino que busca provocarnos el esfuerzo de saber qué sentimos sobre esos sentimientos. Qué pensamos sobre nosotros mismos, en definitiva. Las creencias, las opiniones de los demás, eso es lo que nos obliga a querer **ser**. Aunque al principio ese «querer» sólo sea querer ser como los otros, o como los otros dicen que se debe ser. Pero ese es el origen de la identidad personal, la identificación con lo que nuestra sociedad, la que nos ha tocado vivir, establece como correcto. Hábitos, normas, valores, un pesado lastre que cargamos toda nuestra vida y que nos define en mayor o menor medida. Cuando digo «yo soy así», demasiadas veces me refiero no tanto a lo que tengo por natural en mí sino a lo que mi educación ha hecho natural en mí. Esa combinación de influencias familiares, de las amistades (los «pares» las llaman los sociólogos), de la escuela, que nos hace actuar de determinadas formas que hay que saber «guardar». Formas «guardadas» por la tradición con las que se identifica el grupo, la tribu, el pueblo y que constituyen la que llamamos **identidad social o cultural**: un conjunto de señas, de enseñas y señales que me hacen emocionarme y sentirme como en casa. Son las mismas señas de identidad que me hacen normal dentro de mi grupo y extraño o especial fuera de él. Normal por seguir las normas, por cumplir los *roles* o papeles sociales. Los *roles* que, perfectamente asignados, me hacen actuar como hijo con mis padres, como amigo con mis amigos y como subordinado frente a mis jefes. Cada escenario cumple su función, y yo debo saber el papel que me toca cumplir.

La soledad, el desasosiego, el desorden que me producía la incoherencia entre sentimientos y acciones viene a obtener respuesta en un nuevo orden, el **orden moral**, el que se ha venido elaborando en la tribu para que todos sepamos qué hacer, lo que está bien y lo que está mal. Lo cual me ofrece seguridad, equilibrio, me recompensa con el calor entrañable del hogar, con el abrazo materno. Un abrazo que, sin embargo, puede ser el del oso cuando intente sacudirme de tantos *roles* y buscar un lugar propio. Porque, ¿siempre me identifico con lo que **soy**? Me dicen «eres tímido: desde que te conozco, desde pequeñito, desde que naciste, como tu abuelo», pero, ¿acaso decidí **yo** ser así? ¿Puedo aceptar como propio algo que no elegí **yo**? Más aún, ¿soy y siempre seré así? ¿Mi **ser** se reduce al **parecer** de los demás?

Tercera mirada: soy lo que quiero ser.

Podría decir que en las dos miradas anteriores he quedado constituido, hecho. Soy un cuerpo, lo cual me individualiza, soy un ser social, lo cual me colectiviza. Además, descubro que los dos aspectos están íntimamente ligados, porque lo que sé de mi cuerpo lo reconozco por etiquetas que son sociales (rasgos físicos, belleza...), y el propio hecho de ser social no me hace ser «idéntico» a los demás de mi grupo, sino tener una serie de papeles *propios* dentro de ese grupo. No obstante, en ambos casos, parezco ser tratado como un objeto, sea natural o social, pero algo de lo que se pueden encontrar causas externas a sus acciones e incluso a sus sentimientos. Si me gusta hacer deporte será porque «por naturaleza» tengo aptitudes para ello; si soy educado será porque mi familia me ha transmitido los valores adecuados. Así, todo parece explicable desde «fuera». ¿Qué queda entonces de **mí**? Porque **yo** debo ser «algo más»...

Para empezar, no sólo debo ser lo que ya he sido, sino sobre todo lo que seré, o, mejor, lo que quiero ser. No sólo pasado que me explica, sino futuro en el que poder justificarme. Porque resulta que reconozco en mí no sólo lo que me viene dado, ser **algo**, sino los proyectos, ideales, aspiraciones que **yo mismo** he ido elucubrando para intentar hacerme ser **alguien**. Y supongo que se me puede contestar que esos proyectos están elaborados, de hecho, sobre cimientos que me vienen dados; a pesar de ello, algo ha cambiado, pues ante lo pasado todo parece irremediable, pero reconocer sin embargo mi **ser** abierto al futuro, no pronosticable, no predecible (al menos de manera total), abre nuevas posibilidades: puedo soltar lastre según me convenga, pensarme y repensarme como *persona*. La palabra **«persona»** procede del griego *prosopon*, que era la máscara que los actores llevaban en el teatro para representar su papel. Parecería pues que «ser persona» se reduciría, como en la mirada anterior, a jugar el *rol* adecuado. Como cuando del niño se dice «se comporta ya como una personita», que se viene a querer decir que sabe guardar las formas, ser educado según la norma.

Por suerte, el pensamiento moderno (entendiendo por tal el que se deriva de la filosofía, la ciencia y los cambios sociales y políticos a partir del Renacimiento) nos aporta un sentido bien distinto, más allá de las máscaras, de lo que sea la **identidad personal**. De hecho, se suele asimilar el nacimiento de la Modernidad en filosofía a la célebre frase de Descartes «Pienso, luego existo» o, más literalmente, «Pienso, luego soy» (del latín *Cogito ergo sum*). Soy **alguien** (no sólo algo) cuando soy capaz de pensar, de razonar, de ir más allá de lo que siento, e incluso de lo que siento sobre lo que siento. Para René Descartes, que encabeza la llamada corriente filosófica del «racionalismo», la Razón es la facultad que nos permite Ser. Gracias a la Razón podemos evitar los impulsos que el cuerpo y los sentidos nos provocan, y concentrarnos en saber lo que **realmente** queremos, lo que **realmente** deseamos e incluso lo que **realmente** sentimos. La Razón determina la verdadera Voluntad según esta filosofía, y nos constituye como **sujeto.** Ser sujeto, así, viene a significar tener la capacidad excepcional de dirigir mi existencia. Y, naturalmente, nos asaltan dudas: ¿todos poseemos tal capacidad? ¿De qué depende? Porque, el que más y el que menos, todos hemos visto flaquear lo que se suponía era nuestra voluntad en favor de otros motivos menos «racionales». ¿Significa esto que entonces dejábamos de ser persona? ¿Debe ser la Voluntad permanente, invariable en el tiempo? ¿No puedo cambiar de voluntad? ¿Dejo de ser «yo» cuando lo hago?

Para el racionalismo, desde luego, estas cuestiones deben obtener respuesta en lo que ellos llamarían la «autoevidencia»: debo ser capaz de intuir mi identidad como sujeto de manera evidente. Debo *notar* que *soy yo* quien piensa, y quien actúa según lo que piensa. De hecho, según argumentan los racionalistas, no puedo saber verdaderamente nada sobre el mundo si no presupongo mi propia realidad como ser racional. ¿Cómo voy a saber lo que es verdad o mentira si antes no doy por supuesto que «yo» existo? Puedo poner todo en duda, excepto el hecho mismo de que estoy dudando: en eso se basa mi seguridad en mí mismo. La *chulería* racionalista vendría a decir: sé lo que soy porque pienso en mí, porque controlo eso que pienso, y dirijo mis acciones desde ese mi pensamiento. Y sé todo eso precisamente porque soy capaz de decirlo. Y no sé si tú que me escuchas me puedes entender… aunque confío en que así debe ser, porque quiero pensar que la Razón es una facultad que todos debemos poseer.

Las consecuencias más fuertes del cartesianismo (término con que nos referimos a las ideas de Descartes) se resumen en el término «solipsismo»: la actitud según la cual yo soy lo primero y último que poseo. En el fondo, lo único, puesto que todo lo que veo, pienso y sé, soy **yo** quien lo ve, piensa y sabe. Este individualismo vino a reformular la idea tradicional sobre el **alma** como la parte de nosotros mismos que, por encima de los cambios físicos o circunstanciales, nos hace ser siempre «nosotros mismos». El alma, algo inmaterial, no sólo existe sino que es la auténtica y verdadera realidad de lo que somos.

Descartes había partido de la duda sobre lo que hay «fuera de mí» (el mundo externo) como estrategia para alcanzar la verdad máxima: mi propia existencia. Al método filosófico de la duda se le llama **escepticismo**: no me voy a creer nada de lo que me dicen o de lo que creo saber hasta que no esté firmemente convencido de ello. Descartes, a partir de este método escéptico queda *convencido* de algunas verdades básicas: yo, Dios, las ideas matemáticas... Pero otras corrientes filosóficas van a reivindicar precisamente el «escepticismo» pero no como método (como estrategia), sino como talante filosófico, como forma de ver las cosas. Los escépticos ponen en duda la noción misma de «identidad personal» y, con ella, los conceptos clave de la filosofía tradicional. De hecho, para el escepticismo, Descartes había utilizado la estrategia escéptica como una trampa para recuperar lo que ellos consideran *dogmas* clásicos de la filosofía: el alma y Dios básicamente. Los racionalistas, mediante sutiles argumentos, habían resucitado el dogmatismo.

El escocés David Hume, ejemplo de filósofo escéptico, insiste en que por mucho que se mira a sí mismo no encuentra por ninguna parte ese «alma» de la que hablan Descartes y los racionalistas. Descubre, eso sí, recuerdos, costumbres, creencias, diversos mecanismos psicológicos que le permiten definirse como «yo»; pero esos mecanismos son siempre provisionales, relativos a las circunstancias y cambiantes. Posiblemente Hume reduciría la que aquí hemos llamado «tercera mirada» a las dos primeras: lo que quiero ser se elabora a partir de lo que vengo siendo, y eso se reduce a mis experiencias, bien físicas bien psicológicas. En realidad, diría Hume, eso que llamamos «yo» o «identidad personal» es la colección de impresiones, de recuerdos, con los que elaboramos una imagen de nosotros mismos. La idea de «yo» presupone una conexión necesaria entre mis diferentes percepciones y experiencias. Es decir, presupone que mi pensamiento de ayer y mi pensamiento de hoy tienen una relación de causa y efecto cuyo origen está en mi «yo». Mi yo, según el racionalista, «tiene» pensamientos. Pero, dice Hume, ¿en qué se basa esa conexión? ¿Qué es esa entidad que llamo «yo»? No puede ser algo que pueda sentir (una impresión, dice Hume) porque no tiene forma física (recordemos que para el racionalista el «yo» no es el cuerpo sino el alma) y además porque se presupone invariable, y las impresiones son siempre variables, cambian según las circunstancias. Tampoco puede ser una idea porque todas las ideas, para ser aceptables científicamente, tienen que derivarse de impresiones o experiencias. Luego, si no es ni una impresión ni una idea, el «yo» no existe, es una ilusión, una fantasía que nos hemos inventado. En realidad, no puedo decir que mi «yo» *tiene* pensamientos, sino que hay pensamientos que identifico como propios y los conecto para considerarlos parte de mi biografía. Como si mi vida fuese una película, selecciono las escenas que más me interesan y les doy forma. Pero ni la relación entre las escenas es necesaria (hoy no pienso esto *porque* ayer pensaba eso) ni, sobre todo, podemos, a partir de ahí derivar lo que pensaré mañana. Mi yo es imprevisible y depende de las experiencias. Cualquier previsión que haga sobre mí debe ser provisional.

El escepticismo me descarga de responsabilidad pero al mismo tiempo, rayando en el pesimismo, me hace perder identidad: ya no soy tan especial como creía ser, todo lo que soy y quiero ser, mi voluntad incluso, se desdibuja en una suma de impresiones e influencias. El propio Descartes, tan optimista respecto al poder de su propia Voluntad, llegó a plantearse: ¿y si todo fuera un sueño? ¿Una película, la de mi vida, en la que quiero ser el héroe y sólo soy un figurante más? ¿Cómo sé que no me engañan o me engaño cuando afirmo «yo soy así»?

La Modernidad pretendía fundar una nueva época de la Humanidad, la mayoría de edad, la madurez de la Persona, sobre la base de la Razón. No en balde se puede hablar de ciudadanía y de igualdad social cuando se asume que todos somos personas, con voluntad propia, responsables de nuestros actos. Pero, como hemos visto muy resumidamente, desde sus inicios ese pensamiento se manifiesta en crisis: si aceptamos el racionalismo debemos aceptar el poder de la razón, el necesario sometimiento de la Voluntad a los principios racionales. Eso parece asegurarnos nuestra individualidad, nuestra libertad incluso. Pero quizá nos aísla y cubre de responsabilidad en extremo (solipsismo). Si nos mostramos escépticos, sin embargo, la Razón, el Alma, el Yo pierden bastante de su poder (parece que nos salvamos del solipsismo), todo se relativiza, los procesos psicológicos y físicos que me hacen ser como soy proceden de diversas fuentes, y no puedo ni debo autoculpabilizarme de manera absoluta de mis actos. Pero, entonces, ¿cómo culpabilizar, castigar o premiar a nadie de lo que hizo si nunca es «el mismo»?

Cuarta mirada: soy aquello de lo que soy consciente.

Para no ser excesivamente injustos, ni el racionalismo es tan ingenuo como lo hemos pintado, ni el escepticismo tan destructivo. De hecho, podemos decir de ambos que son las dos caras de la misma moneda, que confluiría en los proyectos de la Ilustración del siglo XVIII, un pensamiento que alcanza sin duda hasta la actualidad.

El escepticismo, por una parte, es una buena medicina ante tanto optimismo racionalista. Si queremos ser algo, o alguien, no nos basta con lanzarnos como *Quijotes* con nuestro «yo» en ristre: porque resulta que eso que llamamos «yo» es algo muy frágil, y debemos ser **conscientes** de esa fragilidad. Y ahí quizá se halle la clave de todo este asunto: la **conciencia**, que aquí estamos intentando esquematizar en estas «miradas». Porque ser conscientes de nosotros mismos pasa por querer encontrar, querer ver (aunque sea en reflejos) las causas de nuestros modos de sentir, de pensar, de actuar, de ser en definitiva. Y es indudable que no los descubriremos todos (¡por suerte, quizá!), pero al menos no atribuiremos lo que somos a misteriosos influjos, sean estos astrales, espirituales o genéticos, que para el caso tanto da. Es cierto que, antc tanta confusión, resulta más cómodo pensar que lo que soy se debe a ciertos planetas en línea el día de mi nacimiento, o a que el espíritu de vaya usted a saber quién se reencarnó en mí; o incluso que todo está determinado por los genes de mis papás; pero es que, si todo se reduce a eso, más vale no mirarnos en el espejo, porque siempre veremos a un desconocido total.

Por otra parte, la duda sobre el concepto de responsabilidad tampoco queda tan abierta como antes la hemos dibujado: para el escéptico, ciertamente, no se puede responsabilizar a la *persona en sí misma* de lo que *es*, por ejemplo, cuando decimos Fulanito *es* inmoral o incluso cuando se dice de los inmigrantes que son «ilegales» —¡como si pudiera haber personas ilegales!—, porque lo ilegal o lo inmoral son los actos, no las personas. Desde luego, las personas deben ser conscientes de sus actos, y pueden y deben ser culpados (o premiados) por sus actos en la medida en que los ejercen conscientemente, pero, en cualquier caso, las personas cambian, y eso, para bien y para mal, es lo importante.

El racionalismo, por su parte, no se queda en la exaltación del «Yo» o la Voluntad. Ser racionalista significa confiar en la justificación racional, lógica, a los interrogantes de la filosofía. No aceptar sin más la naturalidad de tal o cual afirmación, sino hurgar en los fenómenos hasta hallar alguna pieza más con la que ordenar el Universo y, en él, al ser humano. Y en esas ambiciones se movieron los ilustrados, racionalistas donde los haya, verdaderos exaltados por la Libertad y la Igualdad, fundamentos teóricos del derecho y la política modernos. Para el ilustrado, la Voluntad se cultiva cuando se educa la Razón; el poder optimista de la Ilustración, su confianza en la educación como liberación de los seres humanos se basa precisamente en la idea de que no nacemos con un Yo hecho y derecho sino que se tienen que dar las condiciones para desarrollar lo que llamamos **personalidad**. «Sólo el que sabe es libre, y más libre el que más sabe. Sólo la cultura da libertad. No proclaméis la libertad de volar, sino dad alas. No la de pensar, sino dad pensamiento. La libertad que hay que dar al pueblo es la cultura». Esto afirmaba Miguel de Unamuno, con una confianza radical en el poder del saber. Y en el poder de la conciencia, podríamos añadir aquí. Porque estamos demasiado acostumbrados a entender la palabra «conciencia» en un sentido moral o, peor aún, como «conciencia de culpa». «Mi conciencia me dice que...», «Tengo un problema de conciencia...» pero, ¿de dónde procede esa conciencia?

Parece claro que la conciencia moral como conjunto de respuestas personales ante conflictos morales no es sino una consecuencia de nuestra capacidad general de «ser conscientes». Ser conscientes de estar en el mundo, ser conscientes de estar despiertos, ser conscientes de recibir una educación, de tener un cuerpo, en definitiva de saber que existimos. Debe tener, pues, bastante que ver con el *Cogito* de Descartes. Pero, una vez más, si a la exigencia racionalista de ser conscientes le pasamos el tamiz escéptico nos queda que la Conciencia (y mucho menos la conciencia moral) no nos llega por arte de magia. Si así fuera, todo el mundo sería igualmente consciente de lo que hace y para qué lo hace, y parece que no es así, ¿verdad? A no ser que pensemos que los que no son conscientes han nacido tarados o algo parecido. Y esta última tentación es sin duda dogmatismo del peor género. Una opción que, si bien nos *aclara* la cuestión (el que es consciente lo es porque puede, y el resto no), no parece muy acorde con el espíritu de la filosofía... (por cierto, ¿pensamos que los hambrientos de los países empobrecidos son conscientes de algo, aparte de su hambre? ¿Podrían llegar a serlo, o no están «dotados» para ello? Es sólo una duda...).

Pues bien, volviendo al tema, o todos tenemos conciencia, o no la tenemos todos. En el primer caso, el problema estaría resuelto (no hay nada que hacer, somos lo que somos); en el segundo, sin embargo, se plantea aquello de la necesaria «toma de conciencia». Algunos movimientos sociales, políticos y religiosos se toman esto de la toma de conciencia del «pueblo» muy en serio y pretenden aleccionar e inculcar la «verdadera conciencia». Y me temo que esto plantea un nuevo problema: todas las conciencias deben ser o iguales, o diferentes. En el primer caso, una vez más, problema resuelto (sería suficiente con una buena doctrina que seguir); pero la experiencia me dice que la diversidad de conciencias no sólo es un hecho (ante la opresión las conciencias acaban por estallar) sino un derecho. Además, ¿por qué darle tantas vueltas al tema de la identidad personal si al final resulta que todos nos debemos identificar con lo mismo?

En realidad ser consciente debe equivaler, en principio, a conocer y reconocer aquello que, por sentido común, se considera «real». Se dice que estoy inconsciente cuando, por causas internas o externas (por ejemplo por efecto del alcohol o las drogas) no soy capaz de ver, oír, en definitiva sentir el mundo tal y como se considera «real». La inconsciencia absoluta me impide de manera absoluta el contacto con la realidad (como cuando en un accidente se dice que el herido quedó inconsciente). Pero también hay grados de consciencia / inconsciencia, como cuando estoy viendo un paisaje y me dicen que no soy consciente de la belleza del mismo porque «no sé apreciarla». En este último caso no queda muy claro si la conciencia se tiene cuando se nace («nunca has tenido gusto y nunca lo tendrás») o se puede adquirir.

Peor se pone la cosa cuando, siempre como recriminación, me dicen que **soy** un inconsciente. Me están negando la capacidad de ver el mundo tal y como es, de apreciar la realidad y, con ello, indirectamente, me están negando a mí mismo. Porque en el caso de la inconsciencia física (la del accidente o la borrachera) el tipo de realidad que no «veo» es sólo material. Pero cuando me dicen, por ejemplo, «No eres consciente de la importancia de aprobar ese examen», me están hablando de consecuencias que se suponen **vitales**, que afectan a mi propia **existencia**. Lo que se considera «real», en consecuencia, está también elaborado socialmente: al margen de que haya una «realidad real» (tema en el que no vamos a entrar aquí), lo cierto es que se suele llamar **real** a lo que se considera importante, relevante, incluso decisivo para vivir. Naturalmente, sea lo que sea eso que se considera relevante (aprobar el examen, por ejemplo), es algo que se aprende (si se dan las condiciones, naturalmente), se transmite, se elabora, se crea y se recrea. No podemos considerarlo fijo e inevitable. Ser consciente del mundo me debe conducir a ser consciente de lo que yo mismo puedo hacer por cambiarlo (o conservar lo que se considere). O sea, que puedo ser perfectamente consciente de lo que significa suspender el examen y, precisamente porque lo soy, suspenderlo. Conocer la Realidad para conocerme, y conocerme para conocer la Realidad, esa podría ser la enseña. Dicho de otro modo, la Conciencia no puede ser algo tan personal que no tenga nada que ver con los demás o con el Mundo, pero tampoco «tomar conciencia» debe ser algo así como reducirme a ser una pieza más al servicio de las convenciones o normas sociales. En última instancia, la conciencia (de pertenecer a un grupo, a un pueblo, a una clase social, al Mundo) debe servir para crecer y desarrollar mi **Autoconciencia**, mi Identidad personal, mi Yo. Una autoconciencia que no siempre puede ser tan *consciente* como cuando, por oposición a la borrachera o al sueño, digo que estoy despierto y «consciente» respecto a la realidad. La construcción de mi yo responde, en muchas ocasiones, a impulsos e ilusiones (a «sueños») que, vistos desde fuera, pueden parecer absolutamente inconscientes, pero que, en la medida en que me hacen sentirme vivo, siento como exclusivamente míos. Y de eso se trata, en definitiva, de sentirme vivo.

Una mirada final.

El humorista francés Pierre Dac, ante las recurrentes preguntas filosóficas «¿quiénes somos?, ¿de dónde venimos?, ¿a dónde vamos?», respondía: «Yo soy yo, vengo de mi casa, y voy a volverme a ella lo más pronto posible». Y quizá, al final, todo se reduzca a eso. Aquí, sin embargo, hemos intentado repasar sobre todo qué queremos decir con ese «yo soy yo», y hemos visto que, una vez más, las apariencias engañan, incluso en el fiel reflejo del espejo. Porque lo que sentimos, lo que queremos, lo que pensamos, todo va íntimamente ligado hasta formar una vertiginosa madeja. Y es tal el vértigo que produce, que en más de una ocasión lo negamos, lo reducimos al terreno de lo desconocido o lo incomprensible («no sé por qué soy así»). Y esperamos que alguien nos lo explique o que nos permita cambiar. Y eso casi tantas veces como, muy contradictoriamente, exigimos que se nos respete en nuestra identidad («yo soy así y sé por qué hago lo que hago, tú no puedes entenderme» o «ni tú ni nadie puede cambiarme»).

La exigencia de respeto a la propia identidad debe ir de la mano de la decisión, de la constante transformación que debe ser vivir. Aunque parezca paradójico, uno sólo sigue **siendo** cuando, aceptando lo que ha sido hasta ahora sabe hacer algo nuevo con ello. Como afirmó el también ilustrado José Cadalso, «Miserable el hombre que no se esfuerza en ser lo que no es». Aunque, en el intento, cada vez que se mire en el espejo descubra una nueva mirada.

PARA SEGUIR PENSANDO...

1. Al principio del texto se representa al individuo como un náufrago incomprendido, y se afirma: «Y gritamos desde nuestra pequeña isla sin saber muy bien si queremos que nos oigan». ¿En qué sentido «queremos que nos oigan»? ¿Estás de acuerdo con la imagen del náufrago que se plantea en el texto? ¿Has sentido tú eso?

2. Analiza los sentidos del término «Imagen» cada vez que aparece en el inicio del texto, y su relación con la Identidad Personal. La imagen de las personas, ¿nos dice algo sobre lo que «realmente» son?

3. A partir de la cuestión anterior: ¿por qué dice el texto que «todo lo que sé de mí es imaginado»?

4. Busca en el diccionario el término «erotismo». ¿Por qué se relaciona en el texto con la identidad corporal? ¿Qué tiene que ver con el «ensimismamiento» de que se habla en el texto? Si no entiendes el término, búscalo en el diccionario.

5. ¿Estás de acuerdo con la influencia que, según el texto, hay entre el «sexo de asignación» y nuestra identidad personal?

6. ¿Por qué, cuando hablamos, nos referimos a nuestro propio cuerpo en tercera persona («mi cuerpo es...») y no en primera?

7. ¿Cómo puede la Voluntad «darnos órdenes»? ¿Es lo mismo Voluntad y Deseo? ¿Puedo *querer* algo que no desee?

8. ¿Cuándo puedo decir que «soy yo mismo»? Analízalo a partir de lo que se señala en el texto sobre la relación entre sentimientos y acciones.

9. Comenta esta frase: «Uno es lo que cree ser íntimamente más las imágenes que nos devuelven las miradas de los otros».

10. ¿Estás de acuerdo con que «mi ser se reduce al parecer de los demás»? ¿Qué relación hay entre «ser» y «parecer»? Puedes relacionar este tema con el problema de las «imágenes» que tratamos al inicio.

11. ¿Qué es «ser persona»? Observa los diferentes sentidos del término. Busca información al respecto (en el texto hemos obviado el aspecto moral e incluso religioso del término, pero tú mismo/a puedes establecer las relaciones).

12. Desarrolla un esquema por columnas con las características que definen la tesis racionalista por un lado y la tesis escéptica por otro.

13. Comenta esta frase: «Sé lo que soy porque pienso en mí».

14. En el texto se afirma que, para el racionalismo, el «sometimiento de la Voluntad a los principios racionales» asegura nuestra individualidad. ¿Estás de acuerdo? ¿Sería esa una Voluntad «esclava», aunque de la Razón?

15. ¿Somos héroes o figurantes, en la película de nuestra vida?

16. Diferencia los sentidos del término «Conciencia». Busca información al respecto.

17. Comenta esta frase: «Conocer la Realidad para conocerme y conocerme para conocer la Realidad, esa podría ser la enseña».

18. Desarrolla alguna de estas disertaciones:

— Si soy un cuerpo y mi cuerpo cambia, ¿yo cambio?
— La Sociedad no me deja ser «yo mismo».
— Ser algo o ser alguien.
— Pensamiento y Conciencia.
— Escepticismo *versus* racionalismo.

19. TEMA PARA DEBATE

Analizad las consecuencias del racionalismo y el escepticismo respecto al problema de la responsabilidad: ¿una persona ignorante, inconsciente, es o no responsable de sus actos? ¿Hay personas «más personas» que otras? ¿Qué consecuencias tiene todo esto?

ANIMAL SIN ALMA

MAITE MIRAVET AYMERICH

I

La contemplación de la naturaleza le exaltaba, y aún más ahora, en compañía de Ariadna. Era su primera excursión con ella. Aquel aire temprano y fresco le parecía nuevo, como nuevas las cosas que en la incipiente claridad se iban manifestando, como nuevas las emociones que sentía. Mientras ascendían Dino la miraba de vez en cuando con intensidad, como invitándola a sumergirse juntos en una realidad más amplia y que les comprendía.

Dino era un poco místico. Veía en todo una perfección y una armonía que apuntaban a la mano invisible de un Creador. ¿Cómo explicar si no los maravillosos diseños de los seres vivos, con todas sus partes interrelacionadas y adaptadas a sus respectivas funciones? Los pájaros volaban ligeros con sus formas aerodinámicas mucho antes que nosotros inventásemos los aviones; a los bordes del camino florecía alguna orquídea, con la abeja dibujada, casi esculpida, en sus pétalos, como un simulacro de amante para conseguir desde su inmovilidad una reproducción diferida... ¿Y qué decir de los ojos, de sus propios ojos que le permitían contemplar todo aquello, sensibles a la luz como una cámara de cine natural que filmara, secretamente, desde cada uno de nosotros? Por un momento se le ocurrió que la película de Ariadna podía ser muy diferente a la suya, pero ahora prefería la vivencia de la proximidad a la sospecha de la distancia.

El resto del grupo debía estar ya cerca de la cumbre. Dino y Ariadna se habían retrasado y desde hacía un rato habían dejado de oír las risas y las voces de sus compañeros. Él se detuvo en aquel silencio para decirle:

— Te amo, ¡te quiero con toda mi alma!

— ¿Con toda tu alma? —Ariadna sonrió con cierta malicia burlona—. Con que me quieras tú ya es más que suficiente. Yo no creo que nosotros tengamos un alma. Yo soy materialista.

Pese a su edad, ella usaba a veces palabras exóticas y abstractas, como ésta, que le consternaban. Dino volvió al silencio y se mantuvo en él, pensativo, durante el resto del camino.

Por la noche seguía dándole vueltas a aquella declaración y le costó dormirse. Él era liberal, por supuesto, y respetaba las otras creencias (o puede que, en este caso, las otras no creencias), pero le preocupaban sus consecuencias. «Si ella es materialista no puede realmente amarme a mí, en mi espiritualidad, en mi mundo interior. Soy para ella sólo un cuerpo, sólo un animal. Es evidente que no me puede querer si me piensa de ese modo», reflexionó. La película de ella parecía, en efecto, muy distinta a la suya, consideró recordando las emociones místicas que le habían embargado durante la excursión. De una manera confusa relacionaba la cuestión del alma con la de un Dios creador: «Se trata de una mente inmaterial y, por tanto, inmortal. Por eso dice la Biblia que Dios hizo al hombre a su imagen y semejanza, es decir, dotado de un alma que le diferencia de todo el resto de la creación. Y del mismo modo que puede reconocerse una mente racional creadora en los inventos humanos, por ejemplo en mis «bichacarros» (Dino daba ese nombre a los ingenios que le gustaba construir, con piezas de aquí y de allá, trozos de transistores, de relojes antiguos, de máquinas diversas, que él aprovechaba para componer curiosos monstruos móviles), de igual manera en el perfecto diseño funcional de los seres vivos puede reconocerse la intervención de una Inteligencia creadora». ¿O no? ¿Qué pensaba Ariadna de cuestiones como éstas? ¿Cómo podía explicarlas desde su punto de vista materialista?

Cuando por fin empezaba a dormirse recordó de pronto, y eso casi volvió a desvelarlo, que no había hecho los deberes de Biología.

II

Pero el profesor McLean no fue a clase, puntual como solía, a primera hora de aquel lunes de 1983. En su lugar entró la directora y anunció:

— Seguramente sabréis que hay una ley, actualmente vigente en Arkansas, por la que es preceptivo dar un «Tratamiento Equilibrado» a la teoría de la evolución y a la teoría creacionista en las escuelas. Alguien ha presentado una denuncia contra el profesor McLean por presunto incumplimiento de esta ley. Se le ha suspendido cautelarmente de sus funciones en espera de una investigación. Y puede que en el juicio del caso pidan el testimonio de esta clase. Quiero pediros, por lo tanto, que aprovechéis las próximas clases de Biología, hasta que llegue un nuevo profesor (o hasta que vuelva el profesor McLean, ¡quién sabe!) para clarificar vuestra posible declaración y escoger a vuestros representantes. ¿Quién es el delegado de clase? Muy bien, pues Ariadna Theosakis hará de moderadora. Pasaré el viernes para conocer el resultado de vuestras deliberaciones.

— ¿Quién pide la palabra? —preguntó Ariadna, en su nuevo papel, desde la mesa del profesor ausente. Pero la sorpresa y la responsabilidad sobrevenida les silenciaban. Finalmente Robert Rice, que era hijo de abogado y se consideraba, por ello, más informado en estos asuntos, se animó a hablar:

— La ley es la ley y todos hemos de acatarla, está por encima de cualquier opinión personal. Ciertamente nuestro profesor nos ha enseñado la teoría de la evolución sin hacer ninguna referencia a la creación divina, más bien contradiciéndola en todo momento. Es evidente que ha infringido la ley y que por lo tanto nuestro testimonio, independientemente de toda consideración personal, ha de confirmar la acusación.

— Pues yo no estoy de acuerdo con Robert —Jane se volvió desde la primera fila hacia sus compañeros—. A veces las leyes son injustas, y en ese caso no veo por qué apoyarlas. Pensad, por ejemplo, en el caso de Antígona, en su conflicto entre la ley y sus deberes fraternales —en el taller de teatro estaban preparando una representación de esta tragedia y ella hacía de protagonista—. Quizá también nosotros tendríamos que preguntarnos cuál es nuestro deber con relación a nuestro profesor, alguien que no ha pretendido sino enseñarnos. Pensad también en Sócrates...

Todos estaban muy impresionados con tanta referencia clásica, pero no por ello más persuadidos respecto a lo que debían hacer. Algunos consideraban que había que poner cada cosa en su sitio, la ciencia en las escuelas y la religión en las iglesias. La pretensión de que se enseñara el creacionismo en las escuelas era tan absurda como la de que se enseñara la teoría de la evolución desde los púlpitos, argumentó Dino con gran sensatez. Pero Robert seguía implacable:

— ¿Y qué pasa con los que tienen la desgracia de pertenecer a una familia atea? ¡No conocerán la teoría creacionista si no se enseña en las escuelas! Estamos hablando de dos teorías alternativas, ambas igualmente plausibles, respecto a un hecho irrepetible y remoto, como lo es el origen de las diversas especies y de nosotros mismos. Vuelvo a insistir, además, en que hay que respetar la ley y ser imparcial.

Pero era difícil prescindir de las propias convicciones al respecto. En realidad tampoco sabían muy bien cuáles eran éstas. La mayoría de ellos mantenía, sin demasiada coherencia, una heterogénea combinación de creencias de muy diversa procedencia, una confusa y compleja trama de ideas heredadas. El mismo Dino no sabía muy bien cómo compaginar sus convicciones religiosas con todo cuanto había ido estudiando. En todo caso pensaba que las creencias eran una cuestión de gustos, aunque ahora se le ocurría que pudiera ser, sobretodo, una cuestión de criterios. ¿A qué tesis debía dar crédito? ¿Era la ciencia humana más fiable que la palabra de Dios? ¿Era el ser humano una creación divina o era Dios el invento de una especie surgida por un errático proceso de evolución natural?

Cuando Phil intervino todos le escucharon con interés. No sólo era un estudiante brillante, sino además amable y colaborador con sus compañeros, de modo que despertaba muchas simpatías (y Dino se temía que la de Ariadna en especial):

— Lo que es evidente es que seríamos unos alumnos pésimos si dejáramos que las enseñanzas de nuestro profesor cayeran en el vacío. Yo creo que debemos repasar todo lo que hemos estado estudiando y volver a considerar los fundamentos de la teoría evolutiva. No podemos actuar sin un buen conocimiento del caso, el cual consiste precisamente en lo que el profesor nos ha enseñado. Hemos de revisar si se trata de un hecho científico o de una mera hipótesis especulativa, para así poder concluir si hemos de estarle agradecidos al profesor McLean por habernos ayudado a descubrir un nuevo aspecto de la realidad o, por el contrario, hemos de acusarle por ocultarnos otras posibles explicaciones igualmente plausibles. Y dirigió a Robert una mirada entre concesiva y desafiante.

A todos les pareció ésta una tarea razonable, así que acordaron formar grupos de trabajo y continuar al día siguiente.

III

Dino pasó por su casa el tiempo justo para recoger los apuntes de Biología y un sandwich. Puso también en la cartera un bichacarro que había construido para Ariadna y se fue corriendo a la reunión. Quería estar un rato a solas con ella. Pero la madre de Ariadna le dijo al llegar, muy seria y preocupada, que el resto del grupo ya estaba trabajando en la cuestión.

Ariadna le hizo un sitio a su lado y prosiguió:

— Podemos ver cómo múltiples hechos sólo tienen una explicación razonable si admitimos la evolución. Fijémonos, para empezar, en las *«pruebas anatómicas»*. Las extremidades de los mamíferos, por ejemplo, son *«homólogas»* en las diversas especies, es decir, están estructuradas de igual manera, aunque han de servir para realizar funciones tan distintas como correr, volar, trepar o asir. ¿Y eso por qué? Si aceptamos la evolución está claro, porque son estructuras heredadas de antecesores comunes.

Jane, que desde que interpretaba a Antígona estaba muy interesada en el pensamiento griego, ensayó una resolución platónico-aristotélica al problema:

— También podríamos interpretar las homologías considerando que todos los mamíferos siguen un patrón o modelo común, el arquetipo o «idea platónica» de mamífero, por ejemplo, que después se concreta y modifica según el arquetipo propio de cada especie. Aunque, desde luego —Jane se detuvo un momento para reflexionar— ¡este punto de vista es completamente estático, ignora que los seres vivos tienen una historia!

— Imaginemos un Creador inteligente que partiera desde cero —intervino Phil—. Habría podido diseñar un ala absolutamente idónea, un ala perfecta para volar que podría servir por igual a un pájaro que a una mosca. Y sin embargo, lo que llamamos «alas» del pájaro y de la mosca son, de hecho, órganos estructuralmente muy distintos, aunque adaptados a la misma función, órganos meramente *«análogos»*. ¿Por qué las habría hecho un Creador inteligente tan diferentes? Por otra parte, como apuntaba Ariadna, habría diseñado por ejemplo las alas del murciélago con una estructura muy distinta a la de las patas de un gato, o a la de los brazos humanos, con la forma más eficiente en cada caso para realizar las respectivas funciones. Las analogías y las homologías solamente resultan comprensibles si consideramos una dinámica evolutiva de parentesco entre les especies.

— ¿Vosotros estáis operados del apéndice? —preguntó Ariadna—. Se trata de un *«órgano vestigial»*, un remanente de nuestro pasado evolutivo. ¡Por supuesto que sería mejor no tenerlo! ¡No nos sirve más que para inflamarse! Pero ahí está, sencillamente porque tenía una función en las especies antecesoras.

— Aún así, todos los hechos anatómicos que estáis considerando podrían interpretarse como determinaciones propias de los arquetipos de las especies, consideradas como unas entidades permanentes e independientes unas de otras, tal y como se creyó durante mucho tiempo. A mí me resultan más convincentes las *«pruebas biogeográficas y taxonómicas»* —Jane colaboraba con un grupo ecologista en defensa de las especies amenazadas de extinción; quizá por ello le habían interesado especialmente las observaciones de Darwin, en el viaje del *Beagle,* sobre la diversidad de especies de pinzones y de tortugas en las distintas islas Galápagos—. La enorme cantidad de *«endemismos»* que se da en todas las islas, es decir —intentó precisar ante la mirada interrogante de Dino— el gran número de especies que no pueden hallarse sino en esos limitados reductos, se explicaría por haber evolucionado de manera independiente en cada uno de estos hábitats a partir de especies antecesoras comunes. Semejante distribución geográfica de las especies resultaría totalmente arbitraria si no suponemos la evolución. Y lo mismo podríamos decir respecto a la distribución taxonómica. ¿Sabéis que más de la mitad de las especies animales son del orden de los coleópteros? ¿Os podéis imaginar a un Creador obsesionado por los escarabajos?

Todos rieron la osadía iconoclasta de Jane, aunque un poco incómodos, especialmente Dino, consciente además de no estar, en absoluto, a la altura de las circunstancias. No había prestado excesiva atención a las pruebas de la evolución, ni trabajaba demasiado en la asignatura de Biología (él prefería el Dibujo, las Matemáticas o la Física). Pero de sus escasas ojeadas al libro recordaba especialmente una ilustración, el fósil de un extraño animal con la cabeza de reptil y las alas de un ave. A Dino, quizá debido a su nombre, siempre le había interesado la Paleontología:

— ¿Y qué pensáis del «Archeopterix»? ¿Podría tratarse de una forma intermedia en la evolución? ¿O se trata simplemente de una especie inicialmente creada aunque ya extinguida?

— En ese caso la creación tendría que ser continua, y no meramente en un origen, ya que los hallazgos fósiles se ordenan temporalmente. No hay, por ejemplo, fósiles de aves anteriores a los de formas intermedias como el Archeopterix —protestó Ariadna—. Yo creo que las *«pruebas paleontológicas»,* como esas formas fósiles intermedias, constituyen una confirmación *a posteriori* de la teoría de la evolución, al igual que las actuales *«pruebas bioquímicas y cromosómicas»*. El material genético de las especies nos revela su parentesco. Si comparamos los cromosomas de los chimpancés con los de los seres humanos, ¡resulta que tenemos en común algo así como un noventa y nueve por ciento!

Jane, que estaba últimamente muy puesta en el arte escénico, se puso a hacer de mona, distendiendo la documentada discusión con sus simiescos ademanes:

— Podríamos cenar ya, ¿no tenéis hambre? —decía entre saltos y acercándose los dedos a los labios, desplegados hacia afuera para hacerlos más prominentes.

Al buscar en la cartera el sandwich, la mano de Dino se encontró con el bichacarro. Lo puso en marcha y contempló divertido la cara de sorpresa de sus amigos. Ariadna estaba encantada con el regalo. También Phil lo estuvo observando con curiosidad:

— ¿Lo has hecho tú? Se me ocurre que es una imagen estupenda de lo que son los seres vivos como resultado de la evolución. Vamos a suponer, Dino, que fueras un ingeniero. Realizarías los planos y determinarías los materiales más adecuados en cada caso, buscando la mayor eficacia para cada función. Seguro que entonces inventarías y construirías unos ingenios fantásticos. Pero, como no cuentas con esa posibilidad, ¿qué es lo que haces? Pues reutilizar el material que tienes más a mano, y no el más idóneo ni el mejor, para construir, a partir de otras máquinas, tus bichacarros. ¡Eso mismo es lo que hace la evolución, opera sobre el material disponible en cada momento! Y, por eso, los diseños de los seres vivos, en vez de ser las ideales creaciones de un ingeniero, son más bien como tus inventos, unas chapuzas que funcionan.

Dino no supo muy bien si sentirse halagado, por su reconocimiento como autor de una involuntaria metáfora técnica de la evolución natural, o disgustado por el calificativo de «chapucero» que Phil había aplicado a su obra.

Distraídos con el bichacarro no habían advertido la presencia de la madre de Ariadna (¿desde cuándo estaba allí?). Les había subido unos refrescos. Su condición de médico la animó a ilustrar las últimas consideraciones de Phil. Estaba inclinada hacia ellos con la bandeja:

— ¡Vamos, coged las bebidas que acabaré con dolor de espalda! ¡Es evidente que un ingeniero no nos habría dotado de una columna vertebral igual a la de los simios cuadrúpedos como Jane!

Rieron mientras cogían las bebidas. También la madre de Ariadna tomó una y siguió comentando:

— Pensemos, por ejemplo, en los ojos, en nuestros maravillosos ojos. Pues, en realidad, poseen un diseño bastante defectuoso. Entre otras cosas, el nervio óptico está situado por delante, y no por detrás, de la retina, de modo que debe absurdamente atravesarla, originando en ella un punto ciego.

— Ni siquiera hace falta entrar en tanto detalle. Una elemental consideración de las diversas especies basta para descubrir las abundantes incongruencias y las imperfecciones en el diseño de los seres vivos —intervino Jane—. Pensemos por ejemplo en las ballenas, ¡tienen pulmones aunque viven en el agua! ¡Seguro que les irían mucho mejor unas branquias!

Parecía increíble, pero Jane también sabía hacer de ballena.

IV

Ya en su cuarto Dino contemplaba la colección de bichacarros. Aunque le agradaba pensar que éstos fueran comparables a los seres vivos, este punto de vista contradecía muchos de sus planteamientos anteriores. Recordó los pájaros, los ojos y las orquídeas, todo lo que había estado pensando durante la excursión. «Vamos a ver, mi punto de partida era que los seres vivos están perfectamente adaptados y diseñados, con todas sus partes organizadas para realizar cada función. Y esto me llevó a pensar en una Inteligencia creadora, en un Dios ingeniero, por así decirlo. Pero Phil dice que estos diseños son siempre imperfectos, que, aunque funcionen de forma relativamente satisfactoria, podrían ser, desde luego, muy diferentes, y por supuesto mejores, como pasa con mis bichacarros. Pero en tal caso, si el punto de partida es que las adaptaciones son siempre imperfectas, ¿qué conclusión podemos sacar? No la de un Creador inteligente y bondadoso, sino todo lo contrario, la de un Creador negligente y descuidado, arbitrario y caprichoso, ¡quizá incluso cruel!».

A media noche se despertó, sobresaltado por la caída. En su sueño era una paloma que iba volando cada vez más y más alto. Y cuanto más subía, más tenue se iba volviendo el aire, y más ligera volaba. Hasta que la nada no pudo ya sostener su vuelo. Dino repasó mentalmente aquella imagen y pronto la identificó. En clase de Filosofía habían estado leyendo unos textos en los que Kant usaba esta comparación para hablar de la razón humana, que al intentar elevarse por encima de los sentidos alcanza un punto en que ya nada empírico la sostiene. Seguramente este sueño estaba relacionado con sus cavilaciones teológicas anteriores. Quizá éstas eran como el vuelo de la paloma, destinado a caer en picado sin el sostén de la experiencia. Pero las tesis de Phil no cuestionaban, como las de Kant, la legitimidad de cualquier conclusión teológica más allá de toda experiencia posible. Afectaban a la propia premisa de partida, puesto que negaban aquella perfección en el diseño que llevaba a suponer una Inteligencia creadora. Ese vuelo era entonces, además de suicida, una ruta imposible. La paloma no podría volar en ese caso sobre el éter del bien, sino solamente sobre el viento de la contingencia, de la casualidad y de la imperfección. Volvió a dormirse.

V

Los resultados de los diversos grupos sobre las pruebas de la evolución eran divergentes. Algunos consideraban que la evolución era un hecho, un hecho universalmente reconocido por la ciencia ante la gran cantidad de pruebas indirectas y confluyentes desde los más diversos campos de la Biología, en los que resulta ser un supuesto explicativo ineludible. Otros insistían, por el contrario, en su carácter meramente especulativo:

— Decís que es un hecho, ¡pero jamás ha sido directamente observado! Se trata de una teoría, tan hipotética como el creacionismo —Robert no estaba dispuesto a ceder de ningún modo.

— Imagínate que tú eres el juez en el caso de un crimen del cual no hay testigos directos, pero sí una enorme cantidad de pruebas que apuntan todas ellas a un determinado culpable. ¿Acaso deberías declararlo inocente por no haber una observación directa del crimen, a pesar de las muchas pruebas inculpatorias? —cuestionó Jane.

Pero aunque a ella le parecía un buen argumento, no todos estaban de acuerdo. Frente a la postura legalista que había mantenido hasta el momento, Robert insistía ahora en las posibilidades de error del veredicto formulado sobre esta base. De poco sirvieron las apelaciones de Phil a cuanto habían estudiado sobre la lógica del método científico:

— ¡Es que toda confirmación científica tiene un carácter provisional! Nunca es definitiva, y eso resulta inevitable por causas puramente lógicas. Si de una hipótesis, como la de la evolución de las especies, deriva una predicción empírica, como la de que se hallarán formas fósiles intermedias, o que tendrán más material genético en común cuanto más emparentadas estén les especies, y resulta que esas predicciones se cumplen, no por eso podemos estar seguros de la verdad de la hipótesis; incurriríamos en la *«fala-*

cia formal de afirmación del consecuente» si así lo creyéramos. Sin embargo la hipótesis evolutiva se ha expuesto, mediante sus predicciones, a ser refutada. ¿Qué predicciones derivan, sin embargo, de la «teoría» creacionista? Pase lo que pase afirmará que Dios lo ha creado así, por arbitrario o inadecuado que parezca. ¡Ningún hecho puede refutar (ni por tanto confirmar) una hipótesis como esa!

—Pero Phil —se aventuró a objetar Dino— lo que estuvimos viendo ayer sí parecía refutar el creacionismo, al menos en su versión perfeccionista. Si las adaptaciones de los seres vivos son imperfectas, si éstos resultan ser meramente unas «chapuzas» que funcionan, ¡entonces no se cumple la predicción que lógicamente derivaría de suponer un Creador inteligente y providente!

A Ariadna le sorprendió la intervención de Dino, más radical incluso que la del propio Phil. Pero decidió interrumpir la discusión entre sus dos amigos y avanzar en el tema:

— Si volvemos al caso que proponía Jane, y suponemos por pruebas indirectas que hay un culpable, necesitaríamos tener una hipótesis explicativa de cómo se ha cometido el crimen, ¿no es así? Pues de igual manera si suponemos el hecho de la evolución natural habrá que explicar cómo ha podido (y puede) operar, mediante qué mecanismos. Quizás así comprendamos el caso con mayor claridad. Hemos estado estudiando con el profesor McLean la teoría darwinista de la evolución por selección natural. Yo la he estado repasando y he elaborado un mapa conceptual, que creo que nos puede ayudar.

Ariadna avanzó con decisión hasta la pizarra y escribió: «DIVERSIDAD DE LOS INDIVIDUOS», mientras explicaba que la teoría partía del hecho de que los individuos son distintos, de que hay una variabilidad en las características particulares, las cuales son a veces hereditarias.

— A mí me llama mucho la atención ese punto de partida —la interrumpió Jane—. Desde una perspectiva esencialista, como la de Platón o Aristóteles, la ciencia ha de menospreciar las diferencias entre los individuos, todo lo particular y contingente, para atender solamente a la esencia, al patrón común e inmutable. Por el contrario la teoría darwinista parte de la singularidad individual, de esas diferencias que la ciencia anterior dejaba a un lado por indefinibles e incognoscibles. Todos somos distintos —Jane extendió los brazos como invitándoles a considerar sus diferencias—. Y eso es precisamente lo que posibilita la evolución. ¿Qué es, por lo tanto, una especie? Pues vemos que ya no se trata de una «clase», caracterizada por la posesión de unas propiedades en común. Se trata más bien de una población de individuos singulares y distintos, los cuales mantienen entre sí unas potenciales relaciones reproductivas —se oyó un rumor de toses y risitas sofocadas, pero Jane siguió sin inmutarse—, unas relaciones reproductivas mediante las que se transmiten estas diferencias, dando lugar a transformaciones con el sucederse de las generaciones.

Pero entretanto Ariadna había escrito en la pizarra otro concepto: «LUCHA POR LA EXISTENCIA». Robert, que estaba bastante malcarado por el escaso seguimiento que tenía hasta el momento su postura, halló la ocasión de resarcirse:

— Estoy completamente de acuerdo con esa tesis. Es evidente que los individuos han de competir entre ellos en la lucha por la existencia, ya que los recursos son limitados, y eso ocurre tanto en la naturaleza como en la sociedad. Mi padre, congresista por el partido republicano, siempre dice que el liberalismo económico es la base del progreso social, puesto que permite ganar a los más fuertes en esa lucha por la existencia. Sin embargo, cuando el intervencionismo estatal limita la libre competencia, protegiendo a los más débiles y a los pobres, está obstaculizando este proceso natural, está potenciando la inadaptación y la incompetencia y llevándonos, en definitiva, a la degeneración.

— Creo que estás mezclando de una forma muy confusa la política y la biología —protestó Phil—, estás ignorando todas las diferencias que hay entre lo social y lo natural. Además no estoy de acuerdo con el sentido que le das al concepto de «lucha por la existencia». Ésta no tiene por qué consistir siempre en un combate entre los individuos. Quiero recordarte que hemos leído textos en los que Darwin dice que también una planta, intentando sobrevivir en la extremada sequedad del desierto, está luchando por su existencia. Puede que a menudo la mejor forma de luchar por la existencia sea la colaboración y la ayuda mutua entre los individuos —Phil, que provenía de una familia obrera, flirteaba con las ideas anarquistas y había leído a Kropotkin—. Por otra parte estás incurriendo en la *«falacia naturalista»*. Aún suponiendo que la lucha por la existencia entendida como competencia fuera un hecho, eso no implicaría que **deba** ser así. Las normas de conducta no se pueden derivar de los hechos. Hay que distinguir entre lo que «es» y lo que «debe» ser, como nos advierte Hume.

— ¡Claro! —intervino Jane—. Del hecho de que estemos agotando los recursos del planeta y extinguiendo una gran cantidad de especies, por ejemplo, ¡no podemos concluir que es precisamente eso lo que debemos hacer! Y lo mismo podríamos decir del hecho de que haya ricos y pobres. ¡Y de tantas otras cosas!

— Pero además tampoco estoy de acuerdo contigo, Robert, en que esta lucha por la existencia conduzca al progreso —añadió Phil—. ¿En qué sentido los que ganan son «mejores» que los que pierden? En la sociedad, el libre mercado conduce a que ganen los más astutos, quizá los más explotadores y sin escrúpulos, no sé hasta qué punto los «mejores». Y en cuanto a la naturaleza, tampoco creo que la evolución comporte un progreso.

— Creo que estamos entrando en otro concepto —y Ariadna, desde los dos ya escritos en la pizarra, dibujó una flecha de implicación y añadió: «SELECCIÓN NATURAL»—. Si partimos de que hay una diversidad en las características heredables de los individuos y de que éstos han de luchar por la existencia —Ariadna iba indicando los rótulos correspondientes—, es evidente que algunos de los individuos tendrán características que les dotarán de una mayor probabilidad de éxito en cuanto a supervivencia y reproducción, en las condiciones impuestas por un medio concreto. Estos individuos resultarán, de alguna manera, «seleccionados», y sus características pasarán a predominar en la población. El mecanismo de la selección natural explicaría así las adaptaciones de los seres vivos a su medio y sería, según Darwin, el principal mecanismo de la evolución, ya que a través de muchas generaciones conduce a la transformación y a la aparición de nuevas especies —Ariadna dibujó una última flecha implicadora que conducía a «EVOLUCIÓN» y se sacudió los restos de tiza, satisfecha de su cuadro explicativo.

— ¿Pero cómo puede entonces Phil negar que la evolución comporte un progreso? Si sobreviven los más aptos, las especies evidentemente se irán perfeccionando, se irán haciendo cada vez más complejas y adaptadas. Las especies actuales, por ejemplo la humana, son mejores que las pasadas, como los dinosaurios. —Era Julia quien ahora intervenía. Ella no pensaba, como Robert, que la Biblia tuviera que entenderse en un sentido literal. Ella estaba dispuesta a admitir la evolución, a admitir que un Creador hubiera planificado una senda evolutiva de progresiva complejidad y perfeccionamiento, hasta culminar en el ser humano, situado en un lugar de privilegio como meta de todo el proceso.

— Digo que la evolución no supone un progreso porque las características de los individuos resultan o no adecuadas con relación a un medio concreto. Su aptitud depende pues de las arbitrarias y cambiantes condiciones de ese medio —se defendió Phil—. Una característica minoritaria, como ser de color oscuro, puede pasar a predominar sobre otra anteriormente mayoritaria, como ser de color claro, si se da un determinado cambio en el medio. Por lo tanto el éxito de las variantes individuales depende de unas fluctuantes condiciones que operan sin meta ni finalidad alguna. ¿Acaso los especímenes de color oscuro son «mejores» que los claros? ¡Claro que no, como tampoco los mamíferos son «mejores» que los insectos o los dinosaurios!

— ¿Pero cómo puedes decir eso? Mira, en un principio solamente había seres unicelulares, después aparecieron los pluricelulares, y se hicieron más y más complejos hasta llegar a los vertebrados, a los peces, y de ellos a los reptiles y a los mamíferos, hasta alcanzar la perfección con la especie humana.

— ¿Por qué supones que nuestra especie es más «perfecta»? —objetó Phil—. Quizá quieres decir que somos más complejos, y eso es cierto en algunos aspectos, pero no en otros. Poseemos por ejemplo un sistema nervioso más complejo que las demás especies ¿Somos por eso mejores? Si adoptamos como criterio de perfección el grado de complejidad del sistema nervioso, estamos estableciendo como criterio precisamente aquel aspecto en que, de hecho, nosotros destacamos. Sería como un truco ilusionista para halagar nuestro antropocentrismo, estaríamos poniendo el conejo dentro de la chistera para después poderlo extraer triunfalmente. Además el proceso evolutivo no es tan lineal como Julia lo está pintando. Es evidente que, al principio, sólo había seres muy simples, como las bacterias, y que los seres pluricelulares se originaron más tarde. ¿Cómo podría ser de otro modo? Pero esto no significa que haya una tendencia hacia la complejidad en la evolución. Las bacterias continúan predominando y constituyen la forma de vida con el mayor número de especies y la mayor distribución en todo el planeta. La evolución conduce a una diversificación, pero sin dirección alguna. Incluso conduce en muchos casos a una pérdida de complejidad, de órganos y de funciones, como en el caso de los parásitos. En definitiva, la evolución natural no constituye una secuencia de perfección destinada a originarnos. ¿Acaso se extinguieron los invertebrados cuando aparecieron los vertebrados, o los peces cuando los reptiles? Aunque a veces lo olvidemos, los invertebrados o los peces siguieron evolucionando y diversificándose. Hemos de representarnos la vida no como una línea unidireccional, sino como un árbol intrincado y frondoso, donde no tiene ningún sentido suponer que una ramita terminal y periférica, como la del ser humano (o la de cualquier otra especie), es la meta.

— ¡Pero los dinosaurios sí que se extinguieron! —objetó Julia—. Y no me negarás que tú eres más evolucionado que ellos…

— ¿Pero qué entiendes por más «evolucionado»? —insistió Phil—. Ciertamente, hemos aparecido más tarde, pero ¿significa eso que seamos «mejores»? Los dinosaurios estaban adaptados a su medio, tan perfecta o imperfectamente como lo podamos estar nosotros. Ellos predominaron durante millones de años, mientras los mamíferos eran más o menos unas ratas sin demasiados méritos.

— Los científicos afirman que se extinguieron a causa del impacto de un meteorito, hace unos sesenta y cinco millones de años, que provocó el oscurecimiento del cielo y un gran desastre ecológico —intervino Dino, que siempre estaba al día sobre ese tema.

— Y precisamente eso permitió a aquellos pequeños mamíferos tener nuevos espacios para colonizar, nuevos escenarios donde reinventarse y diversificarse. Si, por ejemplo, no se hubiera dado esa catástrofe, jamás habría tenido oportunidad de aparecer la especie humana —añadió Phil.

— ¿Pretendes decir que podríamos no haber aparecido **jamás**? —Julia enfatizó esta última palabra con incredulidad—. ¿Que estamos aquí por pura **casualidad**? ¡Vaya una explicación de nuestra existencia!

— Pues sí, ¡es como si nos hubiera tocado la lotería! En la evolución hay un gran componente azaroso. El material de partida, las variaciones de los individuos, responde a procesos aleatorios en el material genético, como las mutaciones y las recombinaciones cromosómicas. Y sobre esta diversidad opera la selección natural, un mecanismo según el cual las variantes más ventajosas en las condiciones que impone el medio pasan a predominar. Así que sobre el material aportado por el azar opera un mecanismo necesario, pero ciego, sin finalidad alguna. Los dinosaurios no eran ni mejores ni peores que los mamíferos, simplemente ocurrió que cambió el medio. Como dice Darwin, no hay más sentido o dirección en todo este proceso de aparición de variaciones y selección de algunas de ellas que en el soplar del viento.

— Yo creo que de cuanto hemos dicho se deduce que no tiene ningún fundamento el considerarnos y comportarnos como si fuésemos los reyes de la creación —sentenció Jane—, ni siquiera como una especie superior, meta de la evolución. ¿Quiénes somos? Los hijos, los hermanos, los primos, los parientes, resumiendo, de todas las demás especies. Y pienso también que ese parentesco ha de concederles unos ciertos derechos. Nuestra relación con ellos debiera ser, sin duda, fraternal, ¡y no despótica como hasta ahora!

— ¿Estás hablando de los derechos de los animales, o incluso de las plantas? ¿Cómo van a tener derechos si tampoco tienen deberes? ¡La esfera del derecho es exclusivamente humana!

— Bueno, quizá ellos no tengan deberes, pero puede que sí nosotros con relación a ellos, nuestros parientes —insistió Jane.

— Yo creo que todo eso es absurdo. Y, desde luego, ese supuesto parentesco no me va a impedir, como a ti, comer carne —Robert contestó con desdén— o ir de caza en nuestro rancho familiar. Donde, por cierto, aunque desde hace años se aplican técnicas de selección artificial en la cría de animales, jamás se ha visto que una oveja produzca una cabra, o una vaca cualquier otro animal que no sea una vaca. Es evidente que la selección, incluyendo si queréis la natural, da lugar a transformaciones en las especies, pero de ahí a defender que pueden transformarse unas en otras ¡hay un buen trecho!

Verdaderamente, Robert Rice era más terco que una piedra.

VI

Dino se daba cuenta de que al revisar **de qué** se acusaba al profesor McLean también habían penetrado en el **porqué** de la acusación. «Por una parte, ya no hace falta recurrir a un Creador para poder explicar las adaptaciones de los organismos. Éstas serían un resultado colateral del mecanismo selectivo, según he podido entender. Las variantes que más se adecuan a las condiciones de un medio determinado sobreviven y se reproducen, resultan «fijadas» por la selección natural actuando sobre el material disponible. Así que los maravillosos diseños de los organismos, como los pájaros o las orquídeas, se explican sin apelar a ninguna inteligencia creadora, sin suponer ningún plan ni finalidad. Es evidente que esa omisión de la intervención divina ha de molestar a los fanáticos religiosos o a las iglesias. Pero creo que lo más importante es todo lo que implica en relación con nosotros mismos, los humanos, respecto a quiénes somos y a cuál es nuestro lugar en el universo». Sintió como un escalofrío y un vértigo existencial al recordar las palabras de Julia: «¿Podríamos no haber aparecido jamás?». «Vamos a suponer que Dios hubiera querido crearnos mediante la evolución de las especies. ¿Pero por qué habría proyectado, para ello, un proceso tan caótico, tan azaroso, repleto de extinciones y de diversificación? ¿Y en qué momento de todo el proceso que, a través de los homínidos, conduce hasta nosotros nos habría Dios distinguido con un alma? No parece verosímil que el «Homo Erectus» o el «Homo Habilis» o incluso los «Australopithecus» carecieran de alma y no así el «Homo Sapiens». ¿Y qué «Homo Sapiens» la tendría, quizá también el de «Neanderthal»? Dino había estado consultando al salir de clase la historia evolutiva humana, el proceso de hominización, en la biblioteca del instituto. Había sacado mucho provecho de un libro que tenía muchas ilustraciones y esquemas sobre la sucesión de nuestros antepasados. Irritado, exclamó en voz alta:

— ¡Todo esto no parece tener el menor sentido!

Buddy, su perro, lo miró con la expresión compungida que solía adoptar cuando él estaba enfadado y se puso a caminar junto a sus pies, dominando las continuas tentaciones que el camino ofrecía a su poderoso olfato.

— Quizá no hay nada de inmaterial en nosotros, como dijo Ariadna. ¿Pero entonces qué soy? Un casual resultado de la evolución, un animal como tú. ¡Un animal sin alma! —Le sorprendió de pronto el parecido entre las dos palabras—. Supongo que te llamo «animal» porque estás «animado», en tanto que tienes vida. Pero cuando digo que yo tengo un «alma» no me refiero a eso, no creo que hoy día sea sostenible postular un «aliento vital» inmaterial. Lo que yo entiendo por «alma» es la mente, la razón, el pensamiento. Pero a ti, carente de alma e incapaz de comprenderme, ¿qué te estoy yo explicando?

Buddy pareció contestar con un «guau» (que, todo sea dicho, tampoco Dino fue capaz de comprender) y avanzó impaciente hacia la tienda de animales donde iban a comprarle su comida.

Se trataba de una tienda muy curiosa. El comerciante que la atendía era mudo, pero había amaestrado a un loro, que contestaba por él obedeciendo a sus señales. Había que ver la cara de algunos clientes novatos, cuando escuchaban responder al loro: «Sí, ahora mismo» o «No nos queda, lo siento». Dino se preguntaba quién hablaba en este caso. «El loro aparenta hablar, pero en realidad no lo hace, se limita a emitir unos sonidos, sin comprensión de su significado. El comerciante mudo, por el contrario, aunque no puede articular sonidos, se podría decir que *habla* más que el loro, puesto que comprende los pedidos, sabe qué tiene y qué no, calcula… En realidad es él quien contesta de esa extravagante manera. Sin duda el lenguaje es algo mucho más amplio, que no consiste simplemente en hablar, sino en una capacidad de formar conceptos y relacionarlos. ¿Y si fuera precisamente eso, esta capacidad lingüística, la verdadera naturaleza de nuestro pensamiento, de la mente, de lo que llamamos el *alma*?».

Pero de momento aparcó esta última intuición, porque el loro ya le estaba pidiendo muy educadamente qué era lo que quería.

Al salir de la tienda Dino siguió indagando sobre la hominización. «Si procedemos de otras especies, nuestra inteligencia y nuestras capacidades mentales han de derivar de las de nuestras antecesoras. Por lo tanto nuestra diferencia con los otros animales no sería radical, como lo es tener o no un alma, sino que sería una cuestión de grado». Las patas de Buddy le rozaron el pecho. El perro se alzaba, bípedo, intentando mordisquear el paquete que ya reconocía como suyo.

— ¿También tú piensas? Eres sin duda de algún modo inteligente, ¡como mínimo es evidente que recuerdas sensaciones y las asocias! Y quizá sea todavía menor la diferencia si en vez de compararme contigo lo hago con especies más próximas, como los gorilas o los chimpancés. Pero pienso, sin embargo, que nuestra diferencia no puede ser gradual solamente. En algún punto parece haber una ruptura. Vosotros, por ejemplo, seguís las mismas pautas de comportamiento durante generaciones y generaciones, sin innovaciones apenas. Por el contrario el modo de vida, las técnicas y las costumbres humanas van transformándose sin cesar, y cada vez más deprisa. Se da en nosotros una evolución digamos «cultural», independiente de la biológica. En esto de la cultura somos seguramente únicos. ¿Pero somos nosotros los únicos que pensamos? ¡Eso ya no está tan claro! —recordó lo que había pensado ante la tienda—. Quizá el punto de inflexión está en nuestra capacidad lingüística, que nos permite usar y relacionar los conceptos y da lugar al desarrollo cultural. ¿Tienes tú, por ejemplo, el concepto de «comida», o más específicamente de «comida para perro»? ¡Qué sé yo! Pero si admitimos la evolución, nuestra capacidad lingüística ha de derivar de la de otros animales antecesores. ¿La posee por ejemplo el chimpancé? ¿La tenía el «Homo Erectus»? ¿O el de «Neanderthal»? ¡Pero Buddy, estate quieto de una vez! ¡Siempre igual, tirando impaciente de la correa cuando llegamos a casa! Pero oye, ¿no son Phil y Ariadna los que están frente a la puerta?

VII

— ¡Al fin! Hace un buen rato que te esperamos. ¿Te has enterado ya de la noticia? Han soltado al profesor McLean, aunque sigue pendiente de juicio. Parece que se ha hecho famoso. Mira, su foto está en todos los periódicos, ¡y no sólo en los de Arkansas!

Ariadna le mostraba los ejemplares. A Dino le sorprendió ver a su profesor en todas las portadas. La foto era siempre la misma, aunque los titulares que la acompañaban, flanqueados por otros sobre presidentes y guerras, eran bastante diferentes en cuanto a su contenido e intención. La propia prensa y, con ella, la opinión pública parecían estar en guerra al posicionarse sobre el tema.

—¡Bueno, pues yo me voy ya! Mañana podemos llevar toda esta información a la clase —Phil se acercó a Ariadna para despedirse.

—¿Tú crees que también saldrá en la televisión? —Dino lo preguntó solamente para interrumpirles.

— Seguramente. Intentaré grabar las noticias —respondió Phil, alejándose.

—¿Quieres que estemos juntos un rato o prefieres también tú ir a ver las noticias? —Ariadna acompañaba su pregunta con un gesto cariñoso, asiéndole del brazo.

Era evidente qué prefería. Mientras paseaban juntos Dino notó que ya no sentía la desazón que le había acompañado desde que Ariadna le cuestionó la posesión de un alma. En realidad, ahora ni el alma, ni Dios, ni cualquier otra cosa le parecían importantes, sino el sentimiento de correspondencia amorosa que, por fin, captaba en Ariadna. Quizá no había más que este mundo imperfecto y azaroso, nada más que esta vida casual y limitada. Pero ahora le bastaba, porque le parecía hermosa y plena.

PARA SEGUIR PENSANDO...

1. El estatus epistemológico de la teoría de la evolución

a) ¿Qué tipos de pruebas de la evolución aduce el texto? ¿En cuál de ellos encuadrarías las aportadas por la madre de Ariadna? Explica en qué sentido estos hechos suponen una prueba de la evolución.

b) ¿Podrían ser explicados estos hechos, considerados como pruebas evolutivas, desde el creacionismo?

c) La confirmación de hipótesis tiene como forma lógica la «falacia de la afirmación del consecuente» (H→ P, P, luego H). Por tratarse de una forma inválida de razonamiento no podemos concluir con seguridad la verdad de la hipótesis (H) cuando se cumple la predicción (P), a diferencia de lo que ocurre en la refutación de las hipótesis, que sigue la forma válida de razonamiento «Modus Tollens» (H→ P, no P, luego no H). Analiza desde un punto de vista lógico el grado de confirmación y/o refutación de las hipótesis evolucionista y creacionista. (Puedes consultar también sobre este tema el capítulo «La evolución como hecho y como teoría» en *Dientes de Gallina y dedos de caballo,* de Stephen Jay Gould).

d) Hoy en día no se cuestiona a nivel científico el hecho de la evolución, si bien persiste el debate y la investigación de sus mecanismos. La teoría darwinista considera que la selección natural es el principal mecanismo de la evolución. Reproduce el mapa conceptual expuesto por Ariadna y explica con su ayuda esta teoría.

2. Consecuencias teológicas de la teoría de la evolución

Las pruebas «físico-teleológicas» de la existencia de Dios (según las denomina Kant) se remontan a la Edad Media (Tomás de Aquino) y perduraron, pese a las críticas kantianas, durante la modernidad, hasta el golpe de gracia que supuso la teoría darwinista de la evolución. Una de las versiones más conocidas de este tipo de prueba es la llamada «el reloj de Paley». William Paley en su obra *Teología Natural* argumenta del modo siguiente. Supongamos que encontramos un reloj, con todas sus partes integradas y relacionadas para realizar su función, medir el tiempo. Sin duda suponer que lo ha proyectado y realizado una inteligencia es una explicación mucho más satisfactoria que el suponer que ha llegado a ser por azar, por obra de un «tornado soplando en la chatarrería». De igual modo ocurriría al intentar explicar la existencia de los seres vivos.

a) ¿Cómo aparece expuesto el argumento de Paley en el texto?

b) Explica la metáfora de los «bichacarros» en relación con la concepción de los seres vivos que comporta la teoría de la evolución. ¿De qué manera esta concepción elimina o modifica la premisa de partida del argumento de Paley? ¿De qué manera afecta a la conclusión de este argumento?

c) ¿Cuál es la crítica de Kant a cualquier pretensión de demostración de la existencia de Dios? ¿En qué se diferencia este tipo de crítica del que comporta la concepción de los seres vivos como un resultado evolutivo?

3. Consecuencias ontológicas y epistemológicas de la teoría de la evolución

a) Compara el concepto de «especie» desde el punto de vista «esencialista» y «fijista» con el que supone el darwinismo.

b) ¿Qué papel desempeñan el azar y la necesidad en la evolución? Valora si el darwinismo es una explicación tan improbable como la del «tornado soplando en la chatarrería» para producir el reloj de Paley.

c) ¿Tiene una dirección la evolución? ¿Supone un «progreso»? ¿Por qué?

4. Consecuencias sociológicas de la teoría de la evolución

a) Se ha llamado «darwinismo social» a una corriente de pensamiento social, bastante difundida sobre todo a finales del siglo pasado, que pretendía ser una aplicación a la sociedad de la teoría evolutiva. En realidad sería más apropiado hablar de «spencerianismo». Fue Herbert Spencer quien propulsó estas teorías, con su pretensión de hacer de la evolución un concepto omnicomprensivo de la realidad en todos sus aspectos y asumiendo tesis alejadas del darwinismo, como la creencia en que la evolución tiene una dirección y supone un progreso. ¿Cómo expone el texto las tesis del darwinismo social?

b) Phil opone al darwinismo social diversos argumentos. Expón y valora estas críticas.

5. Consecuencias antropológicas de la teoría de la evolución

a) ¿Qué estatus da al ser humano respecto al resto de los seres vivos la tradición creacionista? ¿Y la teoría de la evolución de Darwin?

b) ¿Era inevitable que la especie humana surgiera como resultado de la evolución o podríamos no haber aparecido jamás? Enumera algunos hechos contingentes que han posibilitado nuestra aparición. (Puedes ayudarte del artículo de Stephen Jay Gould en la revista *Investigación y Ciencia,* diciembre 1994, «La evolución de la vida en la Tierra»).

c) ¿De qué manera nuestro parentesco con el resto de las especies tiene consecuencias con respecto a nuestra relación con ellas? Debate sobre la Declaración Universal de los Derechos del Animal, aprobada por la ONU. (Puede consultarse el monográfico sobre los derechos de los animales de *El País* 26 de septiembre de 1991, donde se incluye esta Declaración).

d) ¿Qué se entiende por «alma»? ¿Es coherente con el evolucionismo la suposición de que el ser humano, a diferencia de los otros animales, está dotado de un alma?

e) Descartes apela en *El Discurso del Método* a la comparación entre el loro y el mudo como una prueba de que los animales carecen de alma pensante, siendo pues nuestra diferencia con ellos radical y no meramente gradual. Investiga los resultados experimentales sobre el lenguaje en los gorilas y chimpancés para conocer el estado actual de la cuestión. (Se puede consultar el capítulo «Las abstracciones de los brutos», en *Los dragones del Edén,* de Carl Sagan, ed. Grijalbo 1980, y los artículos «La comunicación que aprenden los monos, ¿es lenguaje?» en *El País* 12 de julio de 1995, «Monos contadores», *El País* 28 de octubre de 1998. También, con relación al lenguaje de los homínidos, «Los científicos avanzan evidencias de que los neanderthales hablaban», en *El País* 16 de agosto de 1998 y «La habilidad humana para hablar surgió hace entre dos millones y 200.000 años», *El País* 8 de julio de 1998).

f) ¿Es el ser humano el único que posee una *cultura* o puede también hablarse, por ejemplo, de una cultura de los monos antropoides? (Puede consultarse, por ejemplo, el artículo de *El País* 3 de julio del 91 «El etólogo Jordi

Sabater Pi afirma que el chimpancé tiene comportamientos culturales»).

g) Investiga el proceso de hominización como hizo Dino y expón nuestro «árbol genealógico». (Pueden consultarse, entre otros, los artículos «Somos africanos y tenemos 7 millones de años» en *El País* 19 de diciembre de 1991, «Especies humanas diferentes coexistieron en el pasado» en *El País* 13 de diciembre de 1996 y «Últimas pistas sobre el origen de la humanidad» en *El País* 7 de mayo de 1997).

6. Conclusión

Haz un mapa conceptual de las principales consecuencias filosóficas y antropológicas de la teoría de la evolución.

¡TAN IGUALES, TAN DIFERENTES!

VICENTE VILANA TAIX

Querido Alejandro:

Hace ya algunos años —tú tendrías aproximadamente cuatro— te quejabas extrañado y molesto, de que tus amigos de aquel verano te llamaran, en algunas ocasiones, «chocolate». En aquel momento aún no eras consciente del hermoso color de tu piel, ese por el que tanta gente de piel blanca es capaz de pasar horas y horas de sus vacaciones achicharrándose bajo el sol, ese color que en nuestro tiempo es símbolo de *status* social por ser la prueba evidente de haber pasado el agosto en uno de esos lugares de moda. Tú jugabas con aquellos niños sin preocuparte de nada más que de la misma diversión, y sin percibir ninguna diferencia especial en tus compañeros. Sin embargo, ellos sí percibían algo en ti que te hacía diferente. Aunque no siempre. Otras muchas veces eras uno más, y te llamaban para jugar, o venían amigos a tu casa a merendar... u os peleabais, como se pelean todos los niños.

No sé en qué momento te diste cuenta de que uno de tus rasgos físicos, el color de la piel, era diferente al de la gente que te rodeaba, incluida tu familia. También ignoro —pues luego llegaron unos años en los que nos vimos bastante menos— si el descubrimiento de tu diferencia fue traumático para ti, si sufriste, si las preguntas que surgían en tu mente encontraban fáciles respuestas. Supongo que pasarías lo tuyo hasta aceptar que tú «no eras como los demás» y, lo que es más difícil, hasta que aprendiste a ignorar, a no oír, a aquellos que eran incapaces de ver en ti a alguien con algo más que una piel de color distinto. Has de saber —estoy seguro de que así lo sentías— que nosotros no «vimos» en ti nunca nada diferente; sólo a Alejandro, nuestro sobrino amado. Pero has de saber también —lo sabes mejor que nadie— que no todo el mundo es capaz de percibir a las personas que poseen alguna diferencia como iguales, ni de tratarlas como tales. ¡Aunque su única diferencia sea algo tan insignificante como ese bello tono tostado de la epidermis! Y es de este asunto, de cómo las personas perciben y valoran a aquellos que no son como ellos, a aquellos que tienen algún rasgo suficientemente distinto como para considerarlos diferentes, del que me gustaría hablarte. De los modos cómo se ha considerado a personas con otro color de piel, pero también, aunque no es tu caso, con otra religión, con otro lugar de nacimiento, con otra lengua, en suma, con otra cultura.

EL ENCUENTRO: ¿QUIÉNES SON *ESOS* TAN EXTRAÑOS?

Que todos somos más o menos diferentes, física y psíquicamente, es un hecho (¡afortunadamente!; no me gustaría un mundo de clones como el que describe Aldous Huxley en una novela que te recomiendo llamada *Un mundo feliz*); pero lo que todavía hoy no todo el mundo tiene claro es que, a la vez, somos iguales en aspectos tales como la especie biológica a la que pertenecemos o, todavía más difícil de aceptar por algunos, en dignidad y derechos. Llegar a esta conclusión no ha sido fácil. Es esta una idea moderna, que no empieza a aceptarse antes del siglo XVIII, en ese siglo llamado de las Luces o de la Ilustración. Hasta entonces, el encuentro con seres humanos y culturas diferentes siempre provocó experiencias extraordinarias, a veces fascinantes y asombrosas, a veces crueles y despiadadas. El temor, el miedo, la incredulidad, la violencia o el vuelo de la imaginación fueron actitudes comunes en otras épocas ante el descubrimiento de seres humanos extraños, tan iguales pero tan diferentes. Algunas de las preguntas que surgían sobre ellos hoy nos parecen ridículas (como, por ejemplo, si aquellos eran auténticos seres humanos o seres a medio camino entre el «hombre» y el «animal»); pero también provocaron a quienes las planteaban reflexiones sobre sí mismos, fruto de la comparación y el contraste de lo que no es igual.

Si repasamos la historia, a través de relatos de viajeros, comerciantes, misioneros, militares, etc., nos encontramos con el modo como nosotros los occidentales hemos considerado a todas aquellas personas o grupos humanos diferentes con los que nos hemos encontrado, a quienes íbamos «descubriendo». Esto es lo que se llama el **discurso sobre los otros** o la **experiencia de la otredad**. Esto no quiere decir que desde otras culturas no se haya tenido una experiencia similar. Sabemos que otros pueblos también han «mirado» a sus vecinos diferentes, incluyéndonos a los occidentales cuando nos hemos encontrado, y han intentado también comprenderlos. Se conservan, por ejemplo, testimonios de la tradición americana anterior a la llegada de los españoles, en los que se describen entre ellos pueblos cercanos. Así, los nahuas pensaban de sus vecinos los otomíes que eran torpes, perezosos y pobres, pero también valientes, fuertes y de gran capacidad sexual. También opinaron los mexicas sobre los otomíes, los huaxtecos, los michhuaques y sobre otros pueblos de su entorno. Más extraños y lejanos les resultaban a estos mexicas los chichimecas, gentes que andaban sin rumbo, no tenían casa, dormían en cuevas, vestían con pieles, hablaban lengua bárbara, eran toscos, se alimentaban con frutas silvestres y de carne de caza que no cocían, mataban a sus ancianos, no tenían dioses pues adoraban al sol y a la tierra, y eran peligrosos hechiceros. Pero fue, sobre todo, la llegada de los españoles el encuentro que supuso una auténtica conmoción en el pensamiento indígena americano. Existen algunos documentos que nos permiten comprender qué imagen de los conquistadores tuvieron los indios. Hombres a lomos de animales nunca vistos, recubiertos de metal, llegados de más allá de la inmensa extensión del mar, poseedores de enormes tubos que escupían fuego y piedras, y con extraños rostros peludos. Para comprenderlos tuvieron que acudir a sus mitos, esas narraciones donde toda cultura transmite a sus miembros cómo deben ver, comprender y actuar en el mundo. Desde aquí lograron alcanzar una imagen inteligible de aquella otra humanidad radicalmente distinta. Así, las primeras imágenes que los mexicanos elaboran sobre los españoles son de índole mágicorreligiosa, dioses que, como se anunciaba en sus mitos, habían de venir en la hora del fin del mundo. Uno de sus mitos más importantes profetizaba la vuelta del dios Quetzalcóatl, la serpiente emplumada, para volver a reinar. Esta fue un antiguo rey-sacerdote de Tula, cuyo reinado destacó por su prosperidad, que fue derrocado por artimañas y malas artes y tuvo que huir. Luego él mismo se prendió fuego y sus cenizas y su corazón se encumbraron en el cielo convirtiéndose en la estrella del alba. Su vuelta incluía un terrible castigo para los descendientes de los reyes que lo derrocaron. Por todo esto, la reacción de los mesoamericanos ante la venida de los españoles fue de profundo pavor, de tremendo espanto, de pasividad angustiosa, ante aquellos seres fatalmente anunciados y profetizados. Horror que aumentó tras las primeras matanzas. Cuando se dieron cuenta del error de su percepción —los españoles ciertamente no eran dioses— ya era tarde.

Por parte occidental, los españoles también tuvieron su experiencia de la otredad, del diferente. Y percibieron en el amerindio aquella imagen que mejor servía para justificar su proyecto: descubrir, conquistar, poblar, fundar, evangelizar, explotar. Para ello, qué mejor que una imagen completamente negativa, llena de pecados y comportamientos bestiales: la sodomía, la lujuria y la promiscuidad, los sacrificios humanos y el canibalismo, pruebas evidentes todas ellas de que la conquista y la colonización de aquellas nuevas tierras y de aquellos nuevos hombres, eran acciones necesarias, justas y convenientes para los propios indios sojuzgados. Gracias a los europeos, únicos hombres plenos y verdaderos, los indios podrían salir de su estado «cuasianimal», estado en el que no podía esperarse que fueran capaces de gobernarse a sí mismos. Una imagen y unas razones similares a las que operan en el europeo de la época del colonialismo: el otro, asiático, australiano, africano o americano, es considerado como salvaje, atrasado, incapaz de razonar. Por tanto, su dignidad e independencia no merecen un respeto semejante al que se debe a un verdadero hombre. Una imagen que se remonta hasta la misma Grecia clásica y que recorre toda nuestra Historia.

También los europeos se encontraron con seres tan diferentes que fueron incapaces de comprenderlos. Y, al igual que los indios mesoamericanos, también tuvieron que encontrar un marco mágico, mítico o fantástico para poder evitar la desorientación y la impotencia que produce la incomprensión de cualquier fenómeno. Así, los viajeros traían de los confines de la tierra conocida noticias de seres fantásticos, monstruosos, mitad hombres mitad animales, seres que permitían nombrar y clasificar lo incomprensible. Seguro que habrás oído hablar de las sirenas, los faunos, los centauros, los gigantes o los cíclopes; quizá te resulten más extraños los cinocéfalos (hombres con cara de perro), los esciápodos (de pies tan grandes que les servían de sombrilla), los que tenían la cara en mitad del pecho, los de cuerpo cubierto de plumas como pájaros, las amazonas o cualquier mezcla imaginable entre hombre y bestia. Todavía un importante naturalista del siglo XVIII, Linneo, incluía en su clasificación al *Homo monstruosus*, ser intermedio entre el *Homo sapiens* y el simio.

En otras ocasiones era el propio libro sagrado occidental, la Biblia, el que proporcionaba el orden requerido de las personas y hechos extraños observados. Las razas, por ejemplo, debían de descender de los únicos seres humanos que quedaron vivos tras el diluvio universal. Por tanto, serían los hijos de Noé —Sem, Cam y Jafet— los que iniciarían cada uno de los linajes actuales. Pero, además, el libro del *Génesis* nos cuenta cómo Cam fue maldecido por su padre y «condenado» a ser esclavo de sus hermanos, por no haberle prestado ayuda durante una borrachera en la que el patriarca dejó completamente al aire sus vergüenzas. Era por ello «comprensible» que sus descendientes, los camitas, la raza negra, fueran inferiores en capacidades y dignidad a los descendientes de Sem y Jafet.

Como ves, cada sociedad ha observado al otro diferente y ha intentado situarlo en sus propios esquemas de comprensión de la realidad, en aquellas categorías que le permiten entender el mundo, saber estar en la vida, valorar su entorno, clasificar a sus semejantes y a las cosas, saber cómo se debe actuar en cada momento, etc. Y dicho marco es, ni más ni menos, la cultura donde uno nace. Y el proceso por el que aprendemos —muchas veces de modo inconsciente— todas estas cosas se llama **enculturación**. Así, cada cultura premia, elogia, fomenta, determinados modos de comprender y de actuar, mientras que otros son castigados, rechazados, ignorados o marginados. El resultado es un complejo de creencias, valores y comportamientos, común a los individuos de una sociedad, por el que estos perciben y evalúan su entorno. Piensa, por ejemplo, en los comportamientos diferenciados que, todavía en ocasiones y a pesar de la lucha contra el sexismo, nuestra sociedad espera de un varón y de una mujer. Cada persona sabe qué modos de carácter y personalidad puede manifestar en público, qué juguetes, trabajos, emociones, colores, lenguaje, actitudes, relaciones con el otro sexo, etc., son los propios de su condición, de su papel social en razón de su sexo. Así pues, la presión social, en su función de conservar la propia cultura, instaura en los individuos unas formas de ver, de comprender, de ordenar la realidad, de actuar en el mundo.

¿Significa esto que es imposible comprender la realidad de modo objetivo y neutral? Si toda persona percibe a los otros, y al mundo en general, según los esquemas que le han inculcado en su cultura, ¿no le será del todo imposible alcanzar un conocimiento imparcial y sin prejuicios de las personas y grupos humanos diferentes? Precisamente, este ideal del conocimiento objetivo es el propio de la ciencia. Y existe una ciencia, la Antropología Social y Cultural, que estudia al ser humano tratando de encontrar algunos principios que expliquen cómo es desde estas perspectivas, en sus distintos modos sociales y culturales. Pero el éxito de este saber, de esta ciencia, descansa precisamente en esa **posibilidad de una mirada objetiva sobre el otro** de la que hablábamos hace unas líneas. Si esta mirada no fuera posible, tampoco lo sería su tarea como saber científico. La pregunta será, pues, ¿es factible esta mirada? ¿Puede darse un modo de acercarse al conocimiento de los otros, de los diferentes, que no esté deformado y que alcance el grado de objetividad requerido por todo conocimiento científico? Veamos cómo la propia antropología ha analizado esta cuestión.

¡Y SI SOMOS LOS MEJORES, BUENO... ¿Y QUÉ?!

En esta historia de cómo hemos percibido y valorado a las personas de otras razas y culturas, a los otros, encontramos muy a menudo el **punto de vista etnocéntrico**. Déjame que te explique, pues seguro que te sonará de algo. Este es aquel que, a la hora de juzgar los modos de vida de otros pueblos, emplea el modo de vida del observador como criterio de lo que es adecuado para todos, avanzado o civilizado. Ya lo denunciaba un pensador francés del siglo XVI llamado Montaigne en su ensayo *De los Caníbales*: «*...llamamos barbarie a lo que no entra en nuestros usos. En verdad no tenemos otra medida de la verdad y la razón sino las opiniones y costumbres del país en el que vivimos y donde siempre creemos que existe la religión perfecta, la política perfecta y el perfecto y cumplido manejo de todas las cosas*». Si lo piensas, en principio, puede parecer que tiene cierta lógica habida cuenta de lo que acabamos de decir más arriba: cada individuo aprende a conocer y a valorar su entorno desde los esquemas que le ha suministrado su propia cultura, su personalidad se forma merced a aquella enculturación que otorga nada menos que el «modo de ver la vida». Como te digo, parecería comprensible que, en principio, cada cual considere lo suyo como lo «natural», lo «normal». Así, para nosotros los occidentales, nuestra cultura aparece como la más desarrollada, la meta del proceso lógico de la historia, mientras que las otras culturas apenas consiguen encauzarse por ese camino *correcto*, *natural*, al que —cómo no— deben aspirar. Es decir, creemos, desde esta posición etnocéntrica, que nuestros valores y modos sociales y culturales son universales, deben ser los de todos, y sólo si los demás los adoptan los consideraremos como normales. Seguro que habrás oído más de una vez comentarios despectivos hacia gente por sus costumbres diferentes. Por ejemplo, ridiculizamos ritos como la danza de la lluvia de las tribus indias de Norteamérica. Nos parece que dar vueltas y vueltas, saltando, pintarrajeados y llenos de plumas, mientras dan gritos sin sentido, resulta poco menos que «hacer el indio» (expresión que, si la analizas, ya dice mucho de nuestra percepción del otro). Sin embargo, no nos sorprende que durante uno de los últimos periodos de sequía en nuestro civilizado país (en la década de los noventa) en algunos pueblos sacaran a hombros en procesión al santo patrono del lugar, o a la virgen correspondiente, para pedir lo mismo que aquellos indios, la lluvia. Nos parece, por poner otro sencillo ejemplo, que comer insectos, lombrices o arañas, tal y como hacen ciertas poblaciones autóctonas del Amazonas y otras muchas culturas no occidentales, es algo asqueroso; sin embargo degustar un buen plato de caracoles típico de nuestro país, es algo exquisito. Y no te digo lo que se oye cuando entramos en temas más complicados como las relaciones sexuales, los modos económicos o políticos.

En otras ocasiones, la propia **forma de describir** al otro nos muestra el etnocentrismo latente del observador. Es lo que sucedía en una famosa fórmula acuñada por los europeos durante el descubrimiento y la conquista de América para caracterizar a los indios: gentes «sin rey, sin ley, sin fe». Si te fijas, este modo negativo de definir al otro significa partir de la contrapartida positiva a la hora de pensarlo, imagen positiva que coincide con lo que es y tiene la cultura del observador. Es describir, no cómo es el otro, sino cómo no es respecto a lo que yo soy. Estas actitudes las encontramos desde los primeros escritos de nuestra cultura. En un conocido pasaje de *La Odisea* (otro maravilloso libro de personajes míticos y aventuras que te recomiendo), su protagonista, Odiseo, llega a la isla de los cíclopes, seres terribles, gigantescos, rudos y violentos, y de un único ojo sobre su frente. Homero, su autor, al intentar describir sus costumbres nos ofrece más un panorama de los usos griegos, por negación, que los propios de quienes se supone están siendo sometidos a observación. Así, nos dice que los cíclopes NO tienen leyes, NO plantan árboles NI labran los campos; todo les nace SIN semilla y SIN arado. NO tienen ágoras para deliberar, *«...NI naves de rojas proas, NI poseen artífices que se las constru-*

yan de muchos bancos —como las que transportan mercancías a distintas poblaciones en los frecuentes viajes que los hombres efectúan por mar, yendo los unos en busca de los otros—». Uno de esos cíclopes, Polifemo, es un gigante solitario, que vive SIN tratarse con nadie, y que *«NO se asemeja a los hombres que viven de pan».* NO es capaz de presentar los dones de la hospitalidad o de hacer algún tipo de regalo como es costumbre entre los huéspedes, y NI siquiera respeta o teme a los dioses. (Las mayúsculas las pongo yo para que te fijes en las negaciones.) En resumen, no es un griego, porque NO hace NI tiene las cosas que hacen y tienen los griegos, cosa que ya sabíamos desde el principio.

En las últimas décadas este asunto ha sido proyectado en la denominación que se daba a los pueblos estudiados por esa ciencia que te he citado antes, la Antropología Social y Cultural: los «pueblos primitivos». El concepto de primitivo supone el de «avanzado», o lo que es lo mismo, **lo primitivo** se mide sobre la base de una noción concreta de **progreso**. ¿Cuál es exactamente esa noción? Si estos pueblos eran denominados, desde diferentes puntos de vista, como pueblos sin historia, sin escritura, sin poder político, con una economía de subsistencia, sin medios técnicos, etc. podemos caracterizar por negación el concepto de progreso que aquí se esconde y que coincide con la trayectoria seguida por occidente. El observador occidental, cegado por la imagen propia, es incapaz de percibir en ellos una concepción del tiempo diferente a la nuestra, una tradición depositada en forma oral en sus mitos y tradiciones, una forma de poder político no basada en la coerción y la violencia, sino en la generosidad o en el don de la palabra, una producción y unos medios técnicos perfectamente adaptados a los fines propuestos, los cuales, siendo más modestos que los nuestros, les permiten disfrutar más tiempo del ocio y de las relaciones personales, y evitar ciertas obsesiones occidentales como la acumulación de bienes, la avaricia, etc. En resumen, «distinto» no tiene por qué significar atrasado. Lo importante es que una cultura esté organizada de modo que contribuya a su subsistencia, a su equilibrio, al bienestar de todos sus miembros, a la resolución pacífica de sus conflictos, etc.

Pero, como nos cuenta un importante antropólogo de nuestros días, Pierre Clastres, nuestra cultura no es la única etnocentrista. Todos los pueblos, por razones ya explicadas, perciben y evalúan al otro desde sus parámetros culturales. Esto queda reflejado en la manera en que se denominan a sí mismas las sociedades primitivas. Estas sociedades se atribuyen casi siempre un único y mismo nombre: «los Hombres». Los indios Guaraníes se llaman «Ava», que significa los «Hombres»; los Guayaki dicen que son «Aché», las «Personas»; los Waika de Venezuela se proclaman «Yanomami», la «Gente»; los esquimales son los «Innuit», los «Hombres». Por el contrario, cada sociedad designa a sus vecinos con nombres peyorativos, llenos de desprecio, insultantes. El discurso sobre ellas mismas que tienen las sociedades primitivas, afirma de este modo la superioridad de su ser cultural, y muestra la negativa a reconocer a los otros como iguales. Así, toda cultura divide la humanidad entre ella misma —identificada con lo humano por excelencia— y los otros —que participan en mayor o menor medida de esa humanidad—. Parece, pues, que pertenece a la esencia de toda cultura ser etnocéntrica, en la medida en que se considera la *cultura* por antonomasia. Dicho de otra manera, la diferencia cultural jamás es considerada como algo positivo, sino que siempre se juzga de modo inferior según un esquema jerárquico que toma como criterio lo propio de la cultura del observador.

Pero en el caso de occidente el etnocentrismo **ha justificado actitudes destructoras** del otro. Dicho de otro modo, nos hemos empeñado en demasiadas ocasiones en imponer «lo correcto», lo nuestro, a los demás. Seguro que has oído hablar de las Cruzadas, aquellas guerras contra ese extranjero musulmán empecinado en no reconocer la religión verdadera —la nuestra, por supuesto— y al que había que hacer entrar en «razón» por la fuerza. O del colonialismo, de etnocidios, de imperialismos. Estas sí son las posturas lógicas que se derivan del etnocentrismo. Durante la conquista y colonización del Nuevo Mundo (para sus pobladores de siempre, desde luego, no era nuevo), por contarte otro ejemplo, se abrió un importante debate en España para decidir qué tipo de ser humano era aquel indígena recién «descubierto». Importante porque de sus resultados dependía desde el trato concreto a aquellos seres humanos a la legitimidad de la misma conquista y colonización de América. Respecto al trato, a las relaciones concretas cotidianas entre conquistadores y conquistados, una de las imágenes del indio que peores consecuencias tuvo fue aquella que los tomaba como semihombres casi irracionales. En efecto, si el indio era feroz, sanguinario y bestial, no había nada malo en someterlo a actos brutales como torturas, el «aperreamiento» (¿te puedes imaginar en qué consistía?), las monterías de indios o el trato inhumano dispensado por los colonos en las explotaciones agrícolas y mineras, hechos que, junto con los enfrentamientos armados, el escaso alimento y el insuficiente descanso, o la introducción de enfermedades europeas, diezmaron la población en pocos años. Otra de las imágenes defendida fue la del «esclavo por naturaleza», concepto tomado del griego Aristóteles, una de las autoridades filosóficas durante siglos: el indio era un ser humano pero incapaz de vivir racionalmente dada la limitación de su entendimiento, su barbarie natural. Ello quedaba probado por una serie de costumbres antinaturales y destructoras, según los españoles, algunas reales, algunas inventadas, como su desnudez, la vida comunal, sus ritos satánicos, su carácter ocioso y poco trabajador, su cobardía, vileza e ingratitud, su idolatría, su poligamia, promiscuidad, sodomía, y otros pecados abominables como el canibalismo o los sacrificios humanos. Por ello le convenía, como sucede con los esclavos, una única forma de gobierno, la tiranía. Incluso los defensores de la plena racionalidad del indio, como Bartolomé de Las Casas, Vitoria o Acosta, hubieron de admitir que éste no se hallaba en un estadio semejante al de los europeos. El indio era como un niño necesitado de tutela y de educación, la cual le sería proporcionada por los españoles para su desarrollo, posible, como ser humano pleno. Desde cualquiera de las tres imágenes, como ser irracional, como esclavo por naturaleza o como ser racional que debe ser educado, quedaba legitimada la conquista y colonización, la dominación del indio por los españoles. Como puedes comprobar, la cuestión de cómo consideramos a los otros no es un asunto sin importancia; puede llegar a tener consecuencias nefastas para aquéllos.

Pero no hace falta, desgraciadamente, remontarnos tan lejos en la historia. Es esta, en realidad, una relación que encontramos en toda práctica colonial hasta nuestros días. Para poder entrar en casa del otro e implantar la lengua, la religión y los modos culturales propios, explotar sus recursos, administrar sus bienes o dominar políticamente, se aducen razones que descansan en una imagen etnocéntrica: se les presenta como pueblos incapaces de organizarse, de administrarse, política o económicamente, debido fundamentalmente a su atraso técnico y a otras características negativas (son vagos, retrasados, etc.). Es algo así como culpar a la víctima. Se dice que la justificación de la situación desigual e injusta reside en la propia incapacidad de quien la sufre, y no, por ejemplo, en relaciones económicas locales e internacionales, condiciones sociales, colonizaciones, etc. Cinco siglos después de la conquista y colonización de América, el gobierno de Marruecos, apoyado por occidente, justificó la conquista del Sahara, alegando que sus habitantes, hombres tribales, no sabían explotar los importantes recursos naturales de este territorio. También ante el horror de las matanzas perpetradas en los últimos años en Ruanda y Burundi entre hutus y tutsies (¡cómo olvidar aquellas espeluznantes imágenes!) la opinión pública obtiene una cómoda explicación del desastre, atribuyéndolo al atraso, a la incivilidad de aquellas gentes bárbaras y belicosas, incapaces de una convivencia ordenada y pacífica. Sin embargo, no reparan en el tipo de estado que los colonos belgas impusieron en aquellos dos países, por el que privilegiaron a una de las etnias, los hutus, destruyendo un orden de casi cinco siglos de existencia. Los estados coloniales europeos han desbaratado en África sociedades cohesionadas, costumbres tribales, y han impuesto modelos totalmente ajenos a la mentalidad de los indígenas; han impuesto las fronteras (¿te has fijado en su trazo rectilíneo?) en los despachos europeos separando naciones, culturas homogéneas, y uniendo a enemigos ancestrales bajo la misma bandera.

¿SEGÚN EL COLOR DEL CRISTAL CON QUE SE MIRA?

Frente a esta actitud —quizá debido a la mala conciencia que los occidentales tenemos por nuestro comportamiento histórico hacia los otros pueblos— surge con fuerza, también desde occidente, otra actitud que pretende defender lo propio de cada cultura, librarlo de contaminaciones y avasallamientos e impedir que nuestra civilización acabe de arrasar con otras culturas menos desarrolladas tecnológicamente. Se trata del **relativismo cultural**. Según éste, para comprender o valorar cualquier aspecto de otra cultura hemos de partir del marco global de dicha cultura, esto es, del contexto donde tal aspecto tiene sentido y, por tanto, puede entenderse. Los hechos culturales tienen sentido en la cultura a la que pertenecen y deben ser interpretados desde ella y nunca desde modos de conocer o valorar ajenos. Por ejemplo, entre los Arapesh de Nueva Guinea el infanticidio forma parte del comportamiento cultural normal. Esto no significa que los niños no sean queridos y cuidados y que los padres no hagan todos los sacrificios para que sus hijos crezcan. Pero si una mujer tiene más hijos que los que ella y su marido pueden mantener, o si el hijo anterior aún toma pecho y necesita gran atención, es deber de los padres exponer al recién nacido a la muerte. Desde este contexto, este terrible, para nosotros occidentales, hecho cultural adquiere sentido. Y no es sólo una cuestión de conocimiento, de poder comprender; también a la hora de valorar estos hechos hemos de partir de su contexto, nos dice el relativismo. Así, la supervivencia en una tierra muy pobre, con una tecnología muy primitiva, convierte el infanticidio, en ocasiones, en un deber moral para el nativo de Arapesh. En un contexto diferente, tierra más fértil, nuevas y nutritivas plantaciones, mejora de la tecnología, la comprensión y la valoración de ese hecho serían distintas. Ejemplos semejantes puedes encontrarlos en dos conocidas e interesantísimas películas: en *Los dientes del diablo* (Nicholas Ray, 1959) y en *La balada de Narayama* (Shoei Imamura, 1982). En ellas vemos cómo los ancianos esquimales y japoneses respectivamente, en sendos hábitats de difícil supervivencia, son abandonados porque no deben convertirse en una carga cuando escasean los alimentos. Sólo así puede continuar la vida del grupo al que pertenecen. De nuevo la ética se ajusta a su precaria existencia. Y así podríamos continuar con otras muchas costumbres extrañas y difíciles de digerir para los occidentales, como la reducción de cabezas de los jíbaros o el infanticidio femenino de ciertos pueblos nómadas de cazadores y recolectores.

Pero el relativismo presenta diferentes grados. Como primera actitud ante el otro diferente, como **postura metodológica,** es aceptado y reclamado por todos. Se trata de la exigencia de que el investigador, o el simple observador, a la hora de acercarse a otros pueblos, se despoje de todo prejuicio, se libre de su condicionamiento cultural, de sus propios valores, e intente comprender la cultura que estudia desde dentro, tal y como la entienden los que la viven. Para ello los antropólogos practican un método que se llama el **trabajo de campo**, y que consiste en ir a vivir con el grupo humano estudiado unos cuantos meses, un año, o más, y tratar de ser uno más, con objeto de comprender la realidad, el mundo, las cosas, las personas, tal y como aquellos seres humanos las entienden. También el simple observador puede hacer el esfuerzo de abrirse a los nuevos y extraños hechos, de no rechazarlos por principio sin haberlos examinado e intentado comprender. Pero esta postura no implica quedarse aquí, esto es, aceptar las cosas tal y como otros las practican, o suspender mi juicio sobre ellas porque, a fin de cuentas, toda cultura tiene sus propias reglas no evaluables desde fuera. Tampoco se trata de sustituir mis modos de entender la realidad por los del grupo estudiado. Es sólo una estrategia para poner entre paréntesis mis esquemas de comprensión, y poder así penetrar en el modo de ver el mundo de aquellas personas diferentes. A diferencia de los indígenas de esa cultura o también del etnocentrista, que sólo poseen SU modo de ver el mundo, el observador que atiende a esta actitud es capaz en este punto de tener dos perspectivas distintas sobre los mismos hechos: la indígena y la occidental. De hecho, si es un antropólogo, habrá utilizado o utilizará los presupuestos, conceptos o métodos propios de su ciencia occidental.

Desde otra posición más **radical**, el relativismo significa la imposibilidad de comparar culturas entre sí, e incluso de juzgar un hecho cultural ajeno concreto. Si toda cultura sólo se puede comprender y juzgar desde ella misma, entonces no hay una instancia, un criterio, independiente para analizar y valorar. ¿Por qué jerarquizar culturas —se dirá desde este relativismo radical—, calificar costumbres como inferiores o superiores, como buenas o malas, cuando no existen criterios independientes a los de la propia cultura del observador, criterios a los que pueda ser sometida toda cultura de modo independiente y objetivo? De esta manera todas las culturas, y todos los hechos culturales, valen lo mismo. Toda pauta cultural, desde la prohibición de comer ciertos alimentos hasta la infravaloración, marginación o privación de libertades de la mujer típicas de ciertas culturas, es tan comprensible y digna de respeto como las demás. No estar de acuerdo con esto supondría entrometerse en la vida de los otros, actitud etnocéntrica y rechazable. Y ¿cómo comprender hechos ajenos a mi cultura si mis esquemas culturales operarán siempre en mi conocimiento? ¿Cómo opinar respecto a costumbres tan extrañas como la poliandria del Tíbet o el infanticidio femenino, habitual entre los esquimales? Aunque tampoco estos últimos podrán opinar sobre una práctica occidental insólita para ellos como reprender e incluso castigar físicamente a los hijos. ¿Podemos calificar de atrasada a una tribu amazónica o de salvaje a algunas melanesias que practican la antropofagia, pero en las que, a su vez, no existe la competencia o se desconoce la mentira? ¿Cómo eliminar la subjetividad del juicio? ¿En qué sentido se es superior? Desde el punto de vista de la tecnología, la respuesta es clara. Pero, ¿qué sucede cuando tomamos en consideración aspectos como la competencia, la solidaridad y la ayuda mutua o la capacidad de resolución de conflictos por vías no violentas? En resumen, será imposible la misma constitución de esa Antropología que te citaba antes, como ciencia que pretende desvelar los principios generales, universales, del comportamiento social y cultural del ser humano. Y ello, simplemente porque tales principios no existen. Sólo existe cada cultura particular.

Y es que el relativismo se opone tanto al etnocentrismo como al universalismo, la existencia de una razón común a los seres humanos independiente de la costumbre.

Como ya te habrás dado cuenta, esta postura, la que hemos llamado radical, encierra grandes peligros. Si todo hecho cultural, todo valor, es relativo a su contexto, nadie puede afirmar que la libertad, por ejemplo, sea algo valioso para todo ser humano. Habrá que analizar los respectivos contextos culturales para poder decidir si, en cada caso concreto, lo es o no lo es. Y puedes imaginar que el argumento vendría de perlas a algunos dictadores, quienes podrían sostener, basándose en la autoridad de la ciencia antropológica, que en determinados contextos sociales y culturales conviene la libertad para el que manda y la ciega obediencia para los gobernados. Permíteme, pues, que te exponga a continuación y de manera resumida, algunas de las **críticas** que se hacen a esta posición radical ante los diferentes.

En primer lugar, hay algo que no casa en todo este planteamiento, algo que no acaba de ser coherente. Atento porque parece un lío, pero no lo es: si cualquier hecho cultural tiene sentido sólo en su propio contexto, el mismo relativismo sólo será válido, sólo tendrá sentido, en un contexto, el suyo. Sin embargo, los que propugnan este principio pretenden que sea valedero para toda sociedad, es decir, universal. Así que se afirma que no existen principios universales (sólo los relativos a cada cultura), y se pretende que tal afirmación sea universal. ¿No te parece una contradicción? Algo similar sucede con un importante concepto, la tolerancia. Se dice que hay que tolerar las opiniones diferentes. Pero tomar esta máxima de modo inflexible, supone tolerar también aquellas que proponen no tolerar, aquellas que abogan por no respetar, con lo que se incurre en una contradicción. De otro modo, la tolerancia, o cierta acepción absoluta de la misma, reclama que todas las opiniones valen lo mismo. Sin embargo se prefiere una de ellas, la propia tolerancia, a su contraria. (No pienses que rechazo la tolerancia, ¡ni mucho menos! Pero piensa por un momento si debe tener algún límite; si existen opiniones, acciones, etc. que son intolerables).

Incluso, podríamos acusar al relativismo cultural radical de aquello a lo que con más fuerza se opone, de etnocéntrico, pues este principio ha surgido en un contexto cultural concreto, occidente. Si se pretende exportarlo a otras culturas que no son relativistas, o que son etnocéntricas, estamos cayendo en aquello que criticábamos, al proyectar valores propios sobre otros. Por otra parte, cabría preguntar si el antropólogo es capaz de desprenderse de sus propios prejuicios y pautas culturales de modo total como exige esta postura. Como antropólogo habrá de operar con ciertas reglas de su ciencia, cargar con su formación y las verdades en ella adquiridas. El mismo principio relativista es uno de los productos de la antropología como ciencia.

Otra de las críticas que le podemos hacer a este relativista radical se refiere a su visión parcial de lo que es una cultura. Que una cultura sea un sistema que ha funcionado durante siglos de modo equilibrado y adaptado a su medio concreto, no significa que sea algo intocable, que no pueda o no deba cambiar, evolucionar, mezclarse, tomar prestado, etc. Una de las características de los grupos humanos es precisamente su capacidad de adaptación y reajuste. Las culturas no pueden ser, y menos en nuestro tiempo, entes inmutables, esencias puras a conservar en formol a toda costa. Este mito de la autenticidad cultural, en realidad, aísla un período en la historia de esa cultura y lo declara lo único auténtico. La consecuencia es la negación del derecho a criticar otras culturas. Pero, como decíamos hace un momento, la identidad cultural es algo a construir, a inventar, un proceso nunca completado. Los intercambios culturales libres son una posibilidad legítima a tener en cuenta. Las culturas son dinámicas, no totalidades cerradas, fosilizadas.

Hay que objetar, además, a la postura relativista que puede servir de pretexto y justificación para actitudes a las que seguro se opone, como la xenofobia y el racismo. Si las culturas no pueden comprenderse entre sí —cada una tiene sus reglas intocables— tiene sentido proponer que los extranjeros regresen a sus países de origen a vivir en medio de los valores que les son propios. Asimismo, la igualdad de todas las culturas, la no jerarquización y el derecho a la identidad étnica, a la pureza racial o cultural, pueden llevar a defender la no contaminación entre culturas, el rechazo a toda mezcla racial o cultural. ¡Seguro que todo esto te suena, por poco que hayas *puesto la antena* a las noticias que diariamente nos llegan de lejos, y de cerca!

En la práctica, esta postura que defiende la esencia, la pureza cultural, y critica la mezcla, la «contaminación», entre culturas, suele significar el apoyo y perpetuación de situaciones injustas dentro de las propias culturas. Se dice que el propósito es defender a una cultura de las injerencias externas. Pero lo que se está defendiendo, en realidad, es un modelo social propuesto por el grupo dominante de dicha cultura. Si te fijas, en estos casos la mayor parte de la población sufre pobreza, explotación, ignorancia. Con el pretexto de preservar la identidad cultural, lo que se mantienen son determinadas relaciones de poder, con las que no todos los miembros de esa cultura, los marginados, los oprimidos, esclavos, etc., están de acuerdo, y se les obliga a mantenerse en el molde cultural defendido por el grupo dominante. ¿Es respetar una cultura, por ejemplo, dejar las cosas tal como están en Afganistán, y ni siquiera poder opinar sobre la situación de la mujer, privada por el gobierno talibán del acceso a la medicina, a la enseñanza, al trabajo, sin poder mostrar su rostro, sus tobillos, sus manos, convertida en una esclava, sin dignidad ni derechos de ningún tipo? Pero, ¿cómo fundamentamos, cómo justificamos, que esos derechos evidentes en nuestra cultura, lo son también en aquélla, sin que se nos acuse de querer meter baza en otra cultura, en otro modo de ver la vida? ¿Y qué decir de la tristemente famosa extirpación, total o parcial, del clítoris —la ablación— sufrida por miles de niñas africanas? Ciertamente es una práctica ritual con un sentido en su cultura: purificación, paso a otro grupo de edad, etc. Exigir, e incluso actuar en favor de, su erradicación, ¿significa una intromisión en otra cultura? ¿Significa que queremos imponer valores de occidente en otro contexto cultural? ¿No habría que pedir la opinión de las propias mujeres que la sufren? Respetar una cultura no puede significar no respetar a algún sector de esa cultura. Abogar por la igualdad entre las culturas no debe implicar perpetuar la desigualdad dentro de las culturas. Reclamar libertad para las culturas no puede conllevar sumisión para algunas personas de esas culturas. En última instancia, la pregunta se plantea en los términos que te he indicado hace un momento: ¿cómo demostrar que el respeto a la integridad física y psíquica, a la dignidad, es un derecho inalienable de todo ser humano, esto es, un derecho universal, y no un valor occidental que pretendemos exportar a la fuerza contra la identidad de otras culturas?

¡TODOS PARA UNO, Y UNO PARA TODOS!

La última postura que me gustaría explicarte, en este recorrido por las actitudes que surgen de esa experiencia de la diferencia cultural, de ese encuentro con los otros diferentes, es el **universalismo**, perspectiva que ya ha ido asomándose a lo largo de estas páginas. Este afirma que sí existen algunos principios comunes a todo ser humano, sea de la cultura que sea, que permiten comprendernos, así como juzgarnos mutuamente. Frente al etnocentrismo, dirá que dichos **principios universales** no son los propios de ninguna cultura particular, exportados a las demás, y que todas podrían suscribirlos. Frente al relativismo, defiende la posibilidad de comparación, comprensión y juicio de los hechos culturales, a partir precisamente del criterio que proporcionan esos principios comunes. Cada cultura tendrá además sus **principios particulares**, que deberán ser tenidos en cuenta, pero que no pueden ser decisivos a la hora de encontrarnos, si de verdad queremos —quizá estemos destinados a— comprendernos mutuamente. Así, por ejemplo, la tortura siempre será condenable independientemente de su contexto cultural, porque la vida humana y la integridad física y psíquica son valores, algo valioso, en toda cultura, para todo ser humano. El miedo a caer en posiciones etnocéntricas, racistas y xenófobas llevaba, como vimos, al relativismo y nos impedía juzgar. Parecía como si todo intento de juzgar a los otros o de compararlos llevara siempre —acuérdate del asunto de la enculturación— a imponer necesariamente nuestros criterios, nuestros valores, malinterpretando y despreciando lo diferente. Por eso había que suspender todo juicio. Sin embargo, la postura universalista nos dirá que el error no está en el hecho de comparar, valorar y jerarquizar culturas, establecer que ciertas costumbres o prácticas son más o menos perversas, incoherentes o inhumanas, que otras. El error está en los criterios que adoptamos para esa comparación, valoración y jerarquización. Por ejemplo, no podremos aceptar para valorar al otro criterios tales como el lugar de nacimiento, el color de la piel (como bien sabes), el sexo, el aspecto físico, o sus costumbres gastronómicas. ¿Qué criterios serán, entonces, los válidos? O, de otra manera, ¿es posible hallar auténticos criterios universales, que no sean criterios etnocéntricos camuflados?

A la búsqueda de esos principios comunes, universales, se ha aplicado desde siempre esa ciencia que no para de salirnos, la **Antropología**. Su programa ha sido y es estudiar al ser humano de todos los tiempos y de todos los lugares, y en todos sus aspectos y manifestaciones, para tratar de hallar, como toda ciencia, rasgos universales. Apunta, pues, hacia un conocimiento global del ser humano y de toda vida en sociedad, en toda su extensión geográfica e histórica, válido para todos los grupos humanos presentes y pasados. Se hará preguntas como, por ejemplo, si la guerra, las diferencias entre hombres y mujeres o la crisis de la adolescencia, son hechos comunes a toda cultura, fenómenos universales, o tienen su explicación en el contexto social o histórico concreto donde se desarrollan. Los rasgos comunes buscados —leyes— han de explicar tanto el funcionamiento de las culturas, como sus cambios y variaciones. Así, la Antropología Social y Cultural cree hallar aspectos que funcionan de manera similar en todas las culturas. Por ejemplo, la base ecológica de la economía, la importancia del parentesco en las relaciones sociales, el funcionamiento simbólico de mitos y ritos, etc.; en resumen, condiciones ecológicas, tecnológicas, psicológicas o sociales que ordenan la realidad humana a partir de un denominador común. También la Antropología Filosófica pretende descubrir la estructura fundamental del ser humano, aquello específico que lo distingue de modo esencial, y elaborar una teoría comprensiva de la naturaleza humana aplicable a todos los individuos de todas las culturas.

Y para ello, el enfoque apropiado, y una de las características peculiares de la Antropología, es el **enfoque comparativo**: el estudio y comparación de todas las clases de seres humanos, de todas las culturas que sea posible investigar, del pasado o del presente, partiendo de la recopilación de datos —si es posible— mediante una observación sistemática. Al comparar valores, creencias, costumbres, instituciones, sistemas de parentesco, tecnología, etc., se obtienen los elementos comunes, alcanzándose así las explicaciones generales, las leyes de toda cultura. Por ejemplo, ciertos antropólogos, clasificados como **evolucionistas**, encontraron el elemento universal en las etapas históricas por las que se suponía había de pasar toda cultura. Comparando los rasgos de los llamados pueblos primitivos actuales con nuestros antepasados, veían las suficientes similitudes como para afirmar que los primeros estaban en estadios por los que occidente ya había transitado, etapas universales por las que toda cultura debía pasar. Así, uno de estos evolucionistas, Morgan, concebía la historia humana como dividida en tres grandes «periodos étnicos»: barbarie, salvajismo y civilización. También señalaba etapas en aspectos concretos como la familia, organización sociopolítica, tecnología, etc. Para ellos, el desarrollo de la sociedad era análogo al desarrollo del individuo: las sociedades primitivas corresponden a la niñez y las sociedades complejas al estado adulto. Con este esquema era fácil comprender a los otros y evaluarlos: simplemente había que situarlos, a partir de sus características culturales, en alguna de esas etapas por las que occidente ya había pasado.

También para otro importante autor de nuestro siglo **Levi-Strauss** es posible encontrar rasgos comunes a toda cultura. Pero estos no se hallan en los acontecimientos observables, sino en un nivel de organización más profundo. Las costumbres y las reglas de comportamiento son invenciones humanas por las que cada cultura ordena su experiencia del mundo. Pueden repetirse, y se repiten, en diversos contextos. Las similitudes son producto del hecho de que todos los cerebros operan de la misma manera. La universalidad no está en los fenómenos sociales concretos, sino en las estructuras mentales que los crean. Y es posible acceder a dichas estructuras a partir del estudio de ciertos sistemas concretos presentes en todas las culturas, de ciertas estructuras lógicas regulares en todo grupo humano, que sirven para ordenar, clasificar y entender la realidad, como son los sistemas de parentesco, los sistemas políticos o los sistemas mitológicos. Los mitos, por ejemplo, pueden compararse por ser transformaciones lógicas de una estructura previa común en nuestra especie: la mente humana. Esta es la tarea de Levi-Strauss y de su escuela estructuralista (supongo que ahora entiendes el porqué de este nombre): descubrir dichos elementos básicos y sus leyes combinatorias, presentes en toda cultura. Y, de nuevo, desde estos elementos descubiertos sería posible la comprensión y el juicio de cualquier cultura desde una instancia común.

También en la actualidad, autores como el estadounidense Murdock intentan encontrar relaciones universales, presentes en toda cultura, entre rasgos culturales. Para ello han elaborado un inventario de datos culturales agrupados en distintas categorías clasificatorias: plantas cultivadas y animales domésticos, agricultura, pesca, caza y recolección, modo de asentamiento y organización de la comunidad, familia, matrimonio, grupos de parentesco, estratificación social, modo político, etc. Son los llamados HRAF (**Ficheros de Relaciones Humanas de Áreas**), tomados de un amplio muestreo de sociedades y ordenados de modo que facilita la comparación. Pero baste con los ejemplos anteriores. La cuestión es que, sea en forma de estadios evolutivos, de estructuras mentales que organizan los diversos niveles de la realidad, o de similitudes en el contenido de los rasgos culturales, los antropólogos defienden, desde sus distintos enfoques teóricos, la posibilidad de encontrar regularidades, elementos comunes, **los universales de la cultura**, que permitan una comprensión objetiva y científica de cualquier modo de organización humana. Asimismo será posible, desde esas instancias comunes, proceder a una valoración, a un juicio, de los diferentes hechos culturales.

Pero no te creas que la solución a nuestro problema es tan fácil como parece. También al universalismo se le pueden hacer algunas críticas. Por ejemplo, el propio discurso universalista nace en la misma sociedad occidental (Grecia, Roma, Cristianismo, Ilustración, etc.) en la que se ha desarrollado tanto la filosofía como la ciencia. ¿Se trata de una posición, ya de partida, etnocéntrica? Además, en la práctica, este espíritu universalista ha estado en el origen de todo tipo de colonialismo, y ha sido una posición etnocentrista y aniquiladora de lo diferente. A veces se trataba de llevar la única religión verdadera, la propia de todo ser humano; otras el progreso, la mejor y más avanzada manera, para todo ser humano, de vivir; recientemente, habrás oído noticias de cómo algún país poderoso invade otro, siempre mucho menos poderoso, so pretexto de defender los derechos humanos, esos derechos que se proclaman universales, para todo ser humano. Recordarás que, como reacción contra esta actitud imperialista surgió el relativismo absoluto, la no valoración ni intervención en las culturas ajenas. Pero, te vuelvo a preguntar, porque el asunto es más complicado de lo que parece, ¿son la ciencia, la democracia, la repulsa de la tortura o los Derechos Humanos en general, productos etnocéntricos, que no tenemos derecho a exportar a otras culturas, so pena de caer en actitudes colonialistas y etnocidas? ¿Es etnocéntrico pedir la abolición de la ablación del clítoris o la emancipación de la mujer en toda cultura? Como vemos, el problema del universalismo surge cuando se demanda una concreción de dichos principios, y se indaga su origen.

Algunos autores contemporáneos intentan llegar a una solución del problema afirmando que en Europa siempre han coexistido dos tradiciones diferentes (de esto ya hablaba un filósofo alemán de este siglo llamado Husserl): por una parte, la tradición particular de cada pueblo, su mundo étnico, su forma particular de entender el mundo, diferente a las demás. Pero, por otra parte, encontramos también una tradición universalista, que aspira a hablar de la humanidad como conjunto, que pretende reflejar intereses comunes a todo ser humano; es la perspectiva de la filosofía, que quiere situarse más allá del etnocentrismo, que no se cierra sobre la sociedad particular desde donde nace su discurso, sino que la trasciende hacia la totalidad del mundo. Cada una de estas dos tradiciones ha dado lugar a un tipo de europeización u occidentalización: la primera, la llevada a cabo por conquista, por imposición, sobre todo, aunque no sólo, de la tradición que hemos llamado particular; la segunda, la que se lleva a cabo por decisión libre de un país, o de sus dirigentes, que acepta determinados modos europeos (ciencia, democracia, derechos humanos, etc.); lo que se asume generalmente en este segundo caso, es la tradición universalista europea, no la particular.

Otra de las soluciones a este problema de encontrar un marco universal para todas las culturas, que no caiga en el etnocentrismo, nos la ofrece un autor búlgaro afincado en Francia llamado Tzvetan Todorov. Para él, la solución no es posible si lo que pretendemos encontrar es una teoría fija y absoluta sobre la naturaleza humana. Lo que habría que buscar es lo mismo que persiguen dos interlocutores en un debate, es decir, un horizonte común, un acuerdo, un consenso, fruto de un diálogo sincero y pausado. Y ese horizonte común, universal, será un instrumento de análisis, de comprensión y de juicio, un principio regulador que permita confrontar las diferencias, y cuyo contenido no se puede fijar definitivamente, pues está siempre sujeto a revisión y a cambio. El etnocentrismo se evita al rechazar como norma universal cualquier contenido particular de una cultura concreta. Y frente al relativismo, es posible la comparación y el juicio. A la vez que reconoce una base universal, nuestra pertenencia a la misma especie, al mismo género humano, también reconoce la diferencia, la heterogeneidad de las diferentes sociedades y culturas. Y para Todorov este espíritu es el que, hace ya un par de siglos, proponían aquellos sabios llamados ilustrados, el espíritu humanista del siglo de las Luces. Autores clásicos de aquel tiempo como Montesquieu, Rousseau y Kant encarnan para Todorov este ideal, pues supieron reconocer las diferencias sin renunciar a un marco universal, mostrando que es posible reivindicar a la vez la igualdad de derechos entre todos los hombres y la jerarquía de los valores, la autonomía, la libertad de los individuos y la solidaridad, el reconocimiento de una moral pública y la tolerancia. Rousseau proponía partir del descubrimiento de la especificidad, de la diferencia de cada pueblo, para lo cual había que librarse de los prejuicios. Luego se acudía a una idea universal de ser humano formada a partir de los conocimientos empíricos recogidos en el camino. A lo universal se llega, pues, desde un conocimiento profundo de lo particular, pero no de UNA cultura particular, sino de la armonía entre culturas particulares.

Uno de los antropólogos que te cité antes, Levi-Strauss, tiene una postura semejante: la comparación intercultural debe llevar al descubrimiento de estructuras universales. El relativismo será *uno* de los pasos del proceso, aquel momento del método necesario para ayudarnos a despojarnos de nuestros prejuicios y tratar de acercarnos al otro y comprenderlo desde él mismo, pero nunca será el objetivo último y definitivo. Posteriormente se produce una vuelta a la propia cultura, que conlleva conocimiento de uno mismo a través del conocimiento sobre los otros.

* * *

Como acabas de ver, querido Alejandro, la experiencia de la diferencia cultural, el encuentro con el diferente, puede afrontarse de modos diversos. Cada uno de estos modos conlleva problemas y dificultades que hacen complicado un posicionamiento puro, de perfiles bien definidos. Es por ello que nos invitan a la reflexión y a la discusión filosófica de sus presupuestos, de sus implicaciones, y de las posturas que otros pensadores han adoptado a lo largo de nuestra historia. En su debate se hacen necesarios los matices, las distinciones, el trazo de unos contornos a veces permeables y difusos, a veces rígidos y rotundos.

Pero, sobre todo, es una experiencia de conocimiento, del otro y de ti mismo. El encuentro con el diferente debe ser un momento de apertura, de ser capaces de oír su voz, su sentido, su razón. Después de despojarnos de los propios prejuicios y de acercarnos a él, de adentrarnos en su mundo, hay una vuelta en la que ya no se es el mismo. El conocimiento del otro, y esta es una de las lecciones más importantes de la Antropología, nos aporta conocimiento también sobre nosotros mismos. El otro actúa como un espejo en el que vemos reflejados algunos aspectos de nuestra propia imagen y los vivimos como carencias o exageraciones. Lo extraño pone en cuestión lo propio. Otras veces nos damos cuenta de que somos el mismo cuerpo, el mismo asunto sobre la Tierra, y nos sentimos indisolublemente unidos a un destino común. El resultado es la transformación de mis propias categorías, las cuales tienen algo más en común con las del otro. Podemos llegar a entendernos gracias a algo compartido, un cierto sentido, que surge en este proceso de interacción.

El repaso de estos modos de afrontar el encuentro con el otro ha de servirnos para indagar sobre nuestros comportamientos cotidianos. Nuestras actitudes y las de nuestra sociedad en general, conscientes o inconscientes, necesitan de una urgente reflexión, pues el encuentro ya no se da como antaño en excepcionales aventuras, en hermosos libros de viajes, en apasionantes acontecimientos lejanos a nuestro devenir diario. El otro está aquí, a nuestro lado, en la calle, en el trabajo. Sus problemas nos afectan, a veces incluso porque sus intereses entran en conflicto con los nuestros. Otras veces, aunque lejanos en el espacio, se hace ineludible que conductas habituales nuestras repercutan en sus vidas, inmersos como estamos en un mundo de relaciones globalizadas. De cualquier manera, la experiencia de la diferencia, el encuentro con el otro, resulta cada vez menos una vivencia reservada a unos pocos seres humanos especiales. Se trata, más bien, de uno de los modos más frecuentes de afrontar lo propiamente humano, tan igual, pero tan diferente.

PARA SEGUIR PENSANDO...

1. Busca en una enciclopedia el significado de algunos términos propios de la antropología, aparecidos en el texto, como «poligamia», «poliandria», «infanticidio», «antropofagia», «etnocidio», «sistemas de parentesco», «mito», y otros cuyo significado desconozcas.

2. Analiza y explica los siguientes conceptos centrales del capítulo: aculturación, antropología, etnocentrismo, relativismo cultural, universalismo.

3. Busca noticias, sucesos, anuncios, dibujos, comics, materiales de todo tipo en los medios de comunicación, en los que percibas una actitud etnocéntrica.

4. Reflexiona sobre si esta actitud de enmarcar lo nuevo y extraño, lo inexplicable por medios racionales, en esquemas mágicos, religiosos o paranormales, que hemos ejemplificado en el texto como actitud histórica ante el diferente, no sigue presente en nuestros días, en nuestra época de la ciencia. Intenta encontrar algunos ejemplos.

5. Elabora un mapa conceptual de las ideas contenidas en el apartado dedicado a la exposición y a la crítica del relativismo cultural (*¿Según el color del cristal con que se mira?*).

6. Busca hechos culturales (comportamientos, valores, creencias, etc.) que, en tu opinión, puedan ser considera-

dos como universales, es decir, comunes a todo ser humano, de cualquier cultura y de toda época. Intenta justificar su universalidad y defiéndela de una hipotética acusación de etnocentrismo.

DISERTACIONES Y DEBATES

7. La discusión en torno al relativismo cultural corre paralela, como hemos señalado en el texto, a otro debate suscitado alrededor de otro concepto: la tolerancia. Reflexiona sobre él, su definición, si es absoluto, sus límites (¿se debe tolerar al intolerante?), etc.

8. Busca información sobre el hecho cultural de la ablación. Descríbelo, y valóralo poniéndote en las tres posiciones estudiadas (etnocentrismo, relativismo cultural y universalismo). Por último, haz una valoración personal, discutiendo los argumentos que acabas de exponer.

9. ¿Es nuestra cultura «mejor» que las llamadas culturas «primitivas»? Reflexiona sobre el concepto de progreso.

10. Haz un recuento de los prejuicios más arraigados en nuestra sociedad referidos a la imagen de los extranjeros. Diferencia dichas imágenes según el país de origen, la situación social y económica, etc. del extranjero en cuestión. Reflexiona sobre estos prejuicios, estas imágenes, a la luz de los modos de percibir al otro estudiados en el texto.

¿POR EL PROGRESO A LA BARBARIE?

JOSEP MARTÍNEZ SANTAFÉ

Nos gustaría empezar este capítulo proponiéndote unas preguntas. ¿Has pensado alguna vez en cómo debían de haber sido aquellas montañas o aquella costa antes que allí se construyesen pistas de esquí o una urbanización? ¿Has estado en un paraje por el que después haya acabado circulando una carretera? ¿Te has encontrado en un atasco y entonces has considerado que algunos conductores pueden llegar a comportarse como unos incivilizados? ¿Crees que en esta situación podría decirse que el mismo vehículo, que sería útil para desplazarnos a los lugares de recreo, también podría convertir a los seres humanos en unos salvajes? Si tus respuestas son afirmativas, observa que te habrías instalado en una perspectiva desde la que se atendería tanto a los aspectos beneficiosos del progreso como a sus consecuencias negativas. Permítenos que continuemos, por un momento, intentando impulsar tus pensamientos: es probable que, en alguna oportunidad, hayas oído hablar sobre la contaminación de los mares y ríos, el agujero en la capa de ozono, la recogida selectiva de las basuras u otras circunstancias similares. Deberías advertir que en todos esos casos se estaría señalando la faceta dañina que pueden tener algunos avances tecnológicos promovidos por ese deseo de progresar que es tan característico de nuestro tiempo. ¡En cuántas ocasiones, quizás, no te habrán dicho tus padres o familiares que quieren para ti lo que ellos no pudieron tener, o habrás visto que, cuando algún conocido se compra un coche nuevo, éste es mejor que el anterior!

Y la expresión «la ciencia avanza que es una barbaridad», ¿te suena extraña o, por el contrario, te resulta familiar? Nuestra intención, al plantearte estas cuestiones, ha sido la de despertar tu curiosidad y, de esta suerte, implicarte en un análisis de nuestra noción de progreso.

Si indagamos en la historia de la cultura occidental, podremos asegurar que la apuesta por el progreso tiene, por así decirlo, fecha de nacimiento. Estudiemos un hecho concreto: el descubrimiento, o mejor aún, el dominio del fuego. Este es sin duda uno de los saltos cualitativos más importantes que ha experimentado la especie humana ya que el fuego posibilita abrigarse, cocinar los alimentos (algo fundamental en el caso de los cereales, básicos para la dieta humana, puesto que nuestro estómago sólo puede digerirlos si están hervidos, tostados, etc.), y contribuye también a defenderse de los animales frente a los cuales el ser humano es, por naturaleza, muy débil (no es veloz ni tampoco el más fuerte, y tiene una descendencia muy limitada en comparación con la mayoría de las especies); en cierta forma, el fuego allana el camino para independizarse de la sujeción a las leyes naturales. Por otra parte, algo análogo al fuego —la electricidad— es primordial en nuestros tiempos (puedes probar a hacer una lista, que seguramente será larga, de todo aquello que funciona gracias a ella).

Hace casi tres mil años se pensaba que esta capacidad humana de dominar el fuego era resultado de la acción del dios Prometeo quien lo había robado a los otros dioses para entregárselo a los hombres. No obstante, él no siempre fue apreciado como un benefactor. Hesíodo (un poeta griego cuyas obras se sitúan hacia el 700 a. C.) lo responsabilizaba de la ruptura del orden cósmico y de la subsiguiente infelicidad humana: «antes vivían sobre la tierra las tribus de los hombres sin males, y sin arduo trabajo y sin dolorosas enfermedades» (*Trabajos y días* 90-92). Aquí está la causa de que el dios se hubiese hecho merecedor de una severa sanción: «a Prometeo, de astutas decisiones, lo ató con ligaduras de las que no se puede librar, con dolorosas cadenas que metió a través de una columna, y contra él lanzó un águila de amplias alas. Ésta le comía el inmenso hígado, pero éste crecía por la noche tanto cuanto el ave de rápido vuelo había devorado por el día» (*Teogonía* 522-525).

Aproximadamente dos siglos después de Hesíodo, Esquilo escribió una trilogía sobre el mito de Prometeo. De las tres tragedias que la componían sólo ha llegado hasta nuestros días la primera, *Prometeo encadenado*, cuyo tema es, tal como deja entrever el título, el castigo al dios. Ahora bien, en esta obra se muestran, asimismo, los efectos positivos que supuso para los seres humanos su intervención: «un privilegio a los mortales» (v. 107), «fuego que se ha revelado como maestro de todas las artes y un gran recurso para los mortales» (vv. 111-112). El propio Prometeo describe detalladamente en qué consiste ese privilegio o recurso para los mortales: «oídme las penas que había entre los hombres y cómo a ellos, que anteriormente no estaban provistos de entendimiento, los transformé en seres dotados de inteligencia y en señores de sus afectos. Hablaré, aunque no tenga reproche alguno que hacer a los hombres. Sólo pretendo explicar la benevolencia que había en lo que les di. En un principio, aunque tenían visión, nada veían, y, a pesar de que oían, no oían nada, sino que, igual que fantasmas de un sueño, durante su vida dilatada, todo lo iban amasando al azar. No conocían las casas de adobes cocidos al sol, ni tampoco el trabajo de la madera, sino que habitaban bajo la tierra, como las ágiles hormigas, en el fondo de grutas sin sol. No tenían ninguna señal para saber que era el invierno, ni de la florida primavera, ni para poner en seguro los frutos del fértil estío. Todo lo hacían sin conocimiento, hasta que yo les enseñé los ortos y ocasos de las estrellas, cosa difícil de conocer. También el número, destacada invención, descubrí para ellos, y la unión de las letras en la escritura, donde se encierra la memoria de todo, artesana que es madre de las Musas. Uncí el primero en el yugo a las bestias que se someten a la collera y a las personas, con el fin de que substituyeran a los mortales en los trabajos más fatigosos y enganché al carro el caballo obediente a la brida, lujoso ornato de la opulencia. Y los carros de los navegantes que, dotados con alas de lino, surcan errantes el mar, ningún otro que yo los inventó» (vv. 443-469); y, un poco más adelante, añade: «qué artes y recursos imaginé. Lo principal: si uno caía enfermo, no tenía ninguna defensa, alguna cosa que pudiera comer, untarse o beber, sino que por falta de medicina, se iban extenuando, hasta que yo les mostré las mixturas de los remedios curativos con los que ahuyentan toda dolencia. [...] Bajo la tierra hay metales útiles que estaban ocultos para los hombres: el cobre, el hierro, la plata y el oro. ¿Quién podría decir que los descubrió antes que yo? Nadie —bien lo sé—, a menos que quiera decir falsedades. En resumen, apréndelo todo en breves palabras: los mortales han recibido todas las artes de Prometeo» (vv. 477-506). Esta extensa lista de mejoras derivadas del ejercicio prometeico, así como las noticias que tenemos de las otras obras de Esquilo relativas a este mito que nos llevan a colegir que el poeta habría dictaminado finalmente la salvación del dios, nos autorizan a manifestar que, para Esquilo, el progreso era claramente ventajoso: «en Esquilo no se habla de que los hombres hayan recibido más que beneficios de Prometeo, sin esas compensaciones dañinas que refiere Hesíodo. [...] Prometeo es algo más que el aportador del fuego; es el promotor de la cultura, en un amplio sentido» (C. García Gual, *Prometeo: mito y tragedia*, p. 150). De hecho, la primera vez que en la cultura griega aparece el término filántropo es con Esquilo y para referirse precisamente a Prometeo.

La figura de este dios simbolizará el progreso también para Protágoras, el más importante de los Sofistas (siglo V a. C.). Este filósofo relataba un mito sobre Prometeo donde se exponía que, cuando los dioses crearon todas las especies animales, encargaron a éste y a su hermano Epimeteo la tarea de otorgarles las cualidades. El segundo le pide a aquél que le deje realizar la labor y que después la inspeccione. Así lo acuerdan y Epimeteo «a unos les concedía la fuerza sin la rapidez y, a los más débiles, los dotaba con la velocidad. A unos los armaba y, a los que les daba una naturaleza inerme, les proveía de alguna otra capacidad para su salvación. A aquellos que envolvía en su pequeñez, les proporcionaba una fuga alada o un habitáculo subterráneo. Y a los que aumentó en tamaño, con esto mismo los ponía a salvo. Y así, equilibrando las demás cosas, hacía su reparto. Planeaba esto con la precaución de que ninguna especie fuera aniquilada. Cuando les hubo provisto de recursos de huida contra sus mutuas destrucciones, preparó una protección contra las estaciones del año que Zeus envía, revistiéndolos con espeso cabello y densas pieles, capaces de soportar el invierno y capaces, también, de resistir los ardores del sol, y de modo que, cuando fueran a dormir, estas mismas les sirvieran de cobertura familiar y natural a todos. Y los calzó a unos con garras y revistió a los otros con pieles duras y sin sangre. A continuación facilitaba medios de alimentación diferentes a unos y a otros: a éstos el forraje de la tierra, a aquéllos, los frutos de los árboles y a los otros, raíces. A algunos les concedió que su alimento fuera el devorar a otros animales, y les ofreció una exigua descendencia, y, en cambio, a los que eran consumidos por éstos, una descendencia numerosa, proporcionándoles una salvación en la especie» (Platón, *Protágoras*, 320d-321b). Ahora bien, cuando es el turno del hombre, Epimeteo advierte que ya ha repartido todas las cualidades y que, por tanto, ya no le queda nada que adjudicar al género humano: «el hombre estaba desnudo y descalzo y sin coberturas ni armas» (321c). Regresa entonces Prometeo y, al ver el problema, decide, para solventarlo, entregar el fuego a los hombres, esa habilidad técnica que les ha de dar seguridad al compensar las otras carencias. En este punto conviene que observes que, según el mito de Protágoras, no basta con la destreza técnica sino que, además, es imperioso otorgar a los humanos el sentido de la justicia para que, de esta forma, el poder —el fuego—, que puede servir para atacar, destruir o matar, sea utilizado únicamente de manera beneficiosa (al respecto, y como ejemplo, quizás recuerdes la película *2001 Una Odisea del Espacio*: en su primera parte, unos simios, que encarnarían los antepasados biológicos de la especie humana, tras ser expulsados del manantial que les suministraba la imprescindible agua, descubren, gracias a uno de ellos, la fuerza bélica que tienen los huesos de un esqueleto hallado fortuitamente y, provistos de esas armas, vuelven al manantial desterrando a golpes a los otros). Se necesitarían, por tanto, unas pautas que propicien, en última instancia, el surgimiento de eso que entendemos por civilización.

Este sentido plural de progreso —en su dimensión técnica y en la moral y política— es expuesto asimismo en otros lugares de la obra de Esquilo y de la filosofía de Protágoras, y va unido al florecimiento de la política democrática. En *Agamenón*, la primera de las tragedias que integran *La Orestíada*, Esquilo relata las circunstancias del retorno del rey después de haber colaborado, junto con Ulises y otros, al triunfo en la guerra de Troya (es posible que te suene este acontecimiento o bien, tal vez, la estampa del caballo de Troya): Agamenón se encuentra con que su esposa, Clitemestra, mantiene una relación adúltera con Egisto. La mujer, con la ayuda de éste, asesinará a Agamenón alegando que éste previamente había sacrificado en honor de los dioses a Ifigenia, una de sus hijas. Clitemestra habría vengado, pues, matando al esposo, la anterior muerte de la hija. Pero la primera ha cometido también un crimen que deberá ser, de igual modo, vengado. Este es el cometido que los dioses confían a Orestes, el hijo varón de Agamenón y Clitemestra, y que es explicado en *Las Coéforas*, la segunda obra de la trilogía. El vástago se ve ante la obligación de, para vindicar el asesinato de su padre, ejecutar él mismo a su madre y, cuando finalmente cumpla con su misión, él se habrá hecho igualmente responsable de un delito terrible, el matricidio, y, por ello, deberá padecer la persecución de las Furias. De este asunto se ocupa la última tragedia, *Las Euménides*, en la que se recoge el juicio de Orestes del que debe reseñarse que el Tribunal del Aerópago, integrado exclusivamente por hombres, se funda con el propósito de que nunca más en el futuro el castigo al malhechor deba ejecutarlo un familiar de la víctima sino una instancia imparcial, con lo cual se evitará esa posiblemente sucesiva e interminable cadena de crímenes y venganzas (repara en que algo así representa para nosotros la Justicia ya que, si alguien es objeto de una agresión, no es el perjudicado ni sus familiares quienes sentencian al infractor sino unos jueces, o un jurado, quienes, precisamente, no deben tener ningún vínculo directo con la víctima). La conclusión de *La Orestíada* consistiría, así, en apreciar que las sociedades humanas pueden mejorar —progresar— en su organización y ser cada vez más justas. Y por lo que respecta a Protágoras, hemos de recordar que él, al igual que el resto de los Sofistas, aseveraba que las sociedades humanas se ordenan de una manera convencional, o, lo que es lo mismo, no en base a una ley natural absoluta sino sirviéndose de las normas que los propios seres humanos crean como respuesta a las diversas situaciones económicas, sociales, culturales, etc. que han de afrontar. Esta condición, que por algunos fue valorada como una deficiencia, era para Protágoras motivo de orgullo porque demostraría que el hombre, gracias a su razón, puede progresar al formular leyes, códigos, etc., que regulen su vida independientemente del dominio (en ocasiones caprichoso) de la naturaleza.

Te sugerimos, ahora, realizar un amplio salto en el tiempo que nos traslade a la Edad Moderna, época en la que podemos acertar con varias reflexiones tanto sobre el progreso en el saber como en lo político. Por lo que hace a lo primero, es habitual mencionar las palabras de Francis Bacon quien, en el *Novum Organum* (1620), define el progreso como un triunfo de las teorías nuevas sobre las antiguas y confronta la sabiduría de los hombres de su tiempo con la de épocas pretéritas: «de la misma manera que esperamos que un hombre mayor posea más información sobre las cosas humanas y un juicio más maduro que un joven, por la experiencia y la variedad de las cosas que vio, oyó y pensó, de la misma manera también nuestra época (si conociera sus fuerzas y quisiera experimentar y comprender) podría esperarse cosas mejores que las producidas por los tiempos remotos, como corresponde a una edad mayor del mundo, enriquecida y pertrechada de infinitos experimentos y observaciones» (I, 84). Conviene subrayar dos cuestiones relativas a las palabras de Bacon: en primer lugar, que nos hallamos, históricamente, en la era de los grandes descubrimientos en Astronomía y Física (la Tierra ya no es el centro del Universo,

Kepler formula las leyes que todavía hoy explican los movimientos de los planetas del Sistema Solar, y Galileo y Descartes enunciarán el principio de inercia, fundamental para la Física); y, en segundo, que se reclama un método científico del que ha de derivar necesariamente el progreso del saber.

Vayamos, a continuación, al tema del progreso en el ámbito de la política: tanto en la filosofía de Thomas Hobbes (1588-1679) como en la de John Locke (1632-1704) se expondrán las virtudes de la organización política de sus respectivas épocas por comparación a un remoto estado natural del hombre en el que la situación habría sido desastrosa (Hobbes) o no tan buena (Locke). El primero de ellos afirmaba que en ese estado natural los seres humanos eran todos iguales entre sí y tenían las mismas necesidades, lo cual los había de llevar inevitablemente a una guerra de todos contra todos: es lo que recoge la expresión *homo homini lupus* (el hombre es un lobo para el hombre) que, pese a no ser de Hobbes, reflejaría adecuadamente su parecer. Con el objetivo de escapar de ese estado de cosas, los hombres habrían decidido establecerse en sociedad cediendo todos sus derechos al Estado, al cual se le confiaba la misión de garantizar una vida en paz y felicidad para todos. Locke, por su parte, también pensaba que en el estado natural los seres humanos eran iguales entre sí, sin que esto supusiese, empero, un problema toda vez que, entonces, ellos ya vivían felices. Ahora bien, puesto que deciden vivir en sociedad, la finalidad no puede ser otra sino la de mejorar: progreso que dimanará de la consecución, con mayor facilidad, de lo que antes había sido muy costoso (piensa que la repartición del trabajo permite, por ejemplo, que muchos nos beneficiemos de la labor recolectora de unos campesinos quienes, a su vez, obtendrían provecho del trabajo de arquitectos e ingenieros, éstos de otros, y, así, sucesivamente).

Traslademonos, seguidamente, hasta el siglo XVIII, ese que es denominado el Siglo de las Luces o de la Ilustración. Aquí, la razón occidental, que se había generado en la época clásica analizada al principio, adoptará unas características que continúan siendo fundamentales en nuestro presente: así, para el conocimiento será primordial la experimentación, se reivindicará el saber científico frente a la superstición y se perseguirá la divulgación universal del primero, anhelo que tiene su más celebre realización en la *Enciclopedia* de Diderot y D'Alembert, precedente directo de las nuestras. Esta apuesta por la generalización del saber arranca del convencimiento de que la recompensa será el progreso de la Humanidad (como clarificación de lo que te estamos diciendo, puedes tener en cuenta que en la actualidad los descubrimientos científicos se dan a conocer para que puedan ser utilizados por más personas y, de esta suerte, sea mayor el número de los beneficiados por los nuevos logros: sería el caso, por señalar algunos entre los muchos posibles, de un cóctel de medicamentos para tratar el SIDA, de esos estudios que han asociado un consumo moderado de vino a una disminución del riesgo de infarto de miocardio, o, acaso, de algún otro que tú puedas recordar). En la Ilustración el progreso es valorado, casi exclusivamente (Rousseau sería una excepción), como algo positivo y continuaría aún vigente la perspectiva de Esquilo y Protágoras, ya que la evolución es apreciada no sólo en su vertiente técnica sino asimismo en su dimensión moral y política. Esto se evidencia, en primer lugar, en la filosofía de Immanuel Kant (quien precisamente asienta parte de su reflexión en un concreto estado de cosas: el progreso de las matemáticas y la física y no del conocimiento del mundo, del alma y de Dios, los objetos de la metafísica —literalmente, más allá de la física—) donde, tomando como soportes la libertad y la inmortalidad del alma (dos de los postulados de la razón práctica), se dispone la eventualidad de un progreso indefinido en la virtud, abriéndose así la puerta a que estimemos satisfactorias aquellas acciones que, a veces, además de resultar difíciles no siempre nos son reconocidas en lo que creemos su auténtico valor (ayudar a un amigo drogadicto, por ejemplo). Y, en segundo lugar, el matiz político puede confirmarse en la Declaración de los Derechos del Hombre y el Ciudadano que ha tenido su continuidad en la Declaración Universal de los Derechos Humanos.

Esta visión optimista del progreso tendrá su prolongación en la filosofía de Auguste Comte (1798-1857). En el *Discurso sobre el espíritu positivo*, publicada en 1844, y a partir de su teoría de los tres estadios, asegura que el último de ellos, el estadio positivo —donde la fantasía que había servido para explicar los acontecimientos (el anteriormente comentado mito de Prometeo) es sustituida por una objetiva observación científica desde la que anticipar aquéllos («ver para prever»)—, es el único que puede garantizar tanto el progreso como el orden de la sociedad humana; reivindicación, por tanto, del progreso en su dimensión técnica y científica e, igualmente, de la vertiente política: «para la nueva filosofía [el positivismo], el orden constituye siempre la condición fundamental del progreso; y, recíprocamente, el progreso se convierte en el fin necesario del orden» (II, I, II, 43). La intención es erigir «a la noción del progreso en dogma verdaderamente fundamental de la sabiduría humana, sea práctica o teórica» (II, I, II, 45).

Puede ser provechoso que, en este momento, constatemos que esta perspectiva sobre el progreso no sólo se localiza en obras de corte filosófico sino que habría impregnado paulatinamente diversos ámbitos de la cultura humana, pudiéndose encontrar también, así por ejemplo, en las novelas de aventuras, razón por la cual te proponemos analizar dos de ellas. En la primera, *La isla misteriosa* (1870) de Jules Verne, los protagonistas, tras desintegrarse el globo en que viajaban, llegan a una isla desierta con unas ropas maltrechas como casi único bagaje. Esta circunstancia es la que les permitirá desarrollar al máximo sus habilidades para, en primer lugar, dominar el fuego (advierte la importancia de esto que seguramente no sería una mera coincidencia), en segundo, proveerse de lo necesario para la subsistencia y, en tercero, colonizar su isla. Estas tareas podrán ser llevadas a cabo justamente porque los náufragos son un compendio de toda la sabiduría humana: «ellos "sabían" y el hombre que "sabe" triunfa allí donde otros vegetarían y perecerían inevitablemente» (p. 193). La validez del progreso declarada por la Ilustración encontraría una corroboración en la peripecia de estos náufragos quienes, en efecto, van mejorando continuamente las condiciones de su vida en la isla. Ahora bien, para Verne este progreso sería inseparable de un buen uso de los diversos descubrimientos; debe haber una orientación ética porque el saber también puede tener un fin perjudicial: en la novela *Los 500 millones de la Begun*, los protagonistas, un francés, el Dr. Sarrasin, y un alemán, Herr Schultze, han heredado una gran cantidad de dinero con el que ambos anhelan idéntico objetivo: fundar una ciudad. La del primero, France-Ville, simbolizará lo beneficioso de los logros científicos ya que, en ella, los habitantes vivirán felices; la del alemán, Stahlstadt, construida también gracias a la ciencia, perseguirá, por el contrario, la dominación por la fuerza de toda la Humanidad. El hecho de que el triunfo corresponda a Sarrasin cimentaría esa valoración optimista del progreso científico pese a la eventualidad de que alguien intente emplearlo reprobablemente.

Será también este siglo XIX el que anunciará los posibles riesgos que pueden hacer del progreso técnico y científico una barbarie. En la segunda parte del *Fausto* de Goethe (1749-1832), obra donde se trata el tema del pacto que el protagonista realiza con el diablo a cambio de su alma (¿has oído alguna vez la expresión vender el alma al diablo?), Fausto, convertido en ingeniero, es el promotor del enriquecimiento de su país merced, entre otras cosas, a la conquista de las riquezas del subsuelo. Nos hallaríamos en apariencia, ante una nueva consideración optimista del progreso. Y sin embargo, no es así. Veámoslo. Uno de los planes del protagonista —la construcción de unos diques que desequen unos terrenos cubiertos por el mar y que, de esta forma, puedan ser utilizados en provecho de los hombres— tropieza con un serio problema: el empecinamiento de un matrimonio de ancianos que viven felices desde siempre en una pequeña cabaña de ese lugar y que, por ello, se negarían a la expropiación (puedes buscar la palabra, si no la conoces, y comprobarás que suele ir asociada a la construcción de carreteras, de pantanos, etc.). Ante esta traba, Mefistófeles, para ayudar a su amo (con el que, recuerda, ha firmado un pacto), quema durante la noche la choza, pereciendo los ancianos en el incendio. Por la mañana, cuando Fausto conozca lo sucedido, sentirá un profundo dolor pero, por otra parte, gracias a esa violenta acción, él podrá concluir su proyecto de ingeniería. Será el Juicio Final a Fausto el que nos proporcione la clave interpretativa de esta coyuntura: en ese momento se decidirá la salvación del alma del protagonista, de lo que se puede inferir que, aunque el primero se haya servido del deplorable auxilio del diablo, lo cierto es que, sin éste, Fausto no habría podido llevar a cabo sus empresas (conviene que tengas presente que los medios de los que se sirve Fausto serían quizás afines a los que, al menos en ocasiones, son utilizados hoy en día para obtener el anhelado progreso): «su anhelo del progreso práctico del género humano, sería objetivamente irrealizable sin el auxilio enérgico de Mefistófeles» (G. Lukacs, *Goethe y su tiempo*, VI, «Fausto y Mefistófeles»). El hecho de que Fausto sea salvado por esas acciones, que han pretendido mejorar la calidad de vida de los seres humanos, nos autoriza a pensar que, pese a que exista una vertiente negativa, el progreso es principalmente positivo.

Ahora bien, Fausto nos ha puesto ante un dilema: el deseo de progresar puede suponer como contrapartida la necesidad de aplicar unas fuerzas —demoníacas, en su caso; bárbaras o incivilizadas, quizás, en el nuestro— que pueden comportar una notable infelicidad, ya que, si queremos utilizar ese petróleo que nos permitirá volar o circular más rápidamente, hemos de tener en cuenta que nuestros mares y atmósfera van a sufrir el impacto de las mareas negras o del agujero en la capa de ozono. Así pues, ¿podría ser que el progreso acabase siendo esencialmente negativo? ¿Pudiese darse el hecho de que los seres humanos, lejos de mejorar, terminasen por ser desdichados como resultado de ese empeño por progresar? «Nuestra época ha tenido que enfrentarse a problemas totalmente nuevos, sobre todo los enormes problemas de medio ambiente. Una importante corriente filosófica del siglo XX es, en consecuencia, la ecofilosofía. Muchos ecofilósofos occidentales han señalado que toda la civilización de Occidente va por muy mal camino, por no decir que está a punto de llegar al tope de lo que puede tolerar el Planeta. Han intentado llegar hasta el fondo, no quedándose sólo en los resultados concretos de contaminación y destrucción medioambiental. Dicen que hay algo profundamente erróneo en toda la manera de pensar occidental» (Jostein Gaarder, *El mundo de Sofía*, p. 571). Observa, pues, que puede ser conveniente atender a esos peligros vinculados al progreso.

Esta es la línea en que cabría situar, en primer lugar, el *Frankenstein* de Mary Shelley publicado en 1818 (vale la pena, porque reconocerás el nombre, que adviertas que el título completo es *Frankenstein o el moderno Prometeo*). Esta obra nos acercaría a una reflexión un punto más amarga que la anterior. La experiencia del Dr. Frankenstein simbolizaría la apuesta de una ciencia que trabaja por descubrir nuevos conocimientos sin preocuparse de posibles valoraciones morales. Acaso por este motivo, el resultado de la investigación es horrible: el monstruo se volverá contra su creador porque éste no ha podido darle una vida dichosa. La criatura no sólo no habrá sido útil para la Humanidad sino que terminará por convertirse en un homicida y asesinar a su creador; el apetecido progreso, asociado a la investigación científica, deviene finalmente una quimera. El Dr. Frankenstein no es el señor de su hallazgo sino el esclavo de un grave error, y el supuesto avance se trocará, en última instancia, en una regresión: a modo de ejemplo de una apreciación de esta índole, puedes recapacitar en que ese mismo control del átomo de uranio que (se nos dice) serviría para generar energía eléctrica a bajo coste podría entrañar, a la vez, la erradicación, en poco tiempo, de toda la vida de nuestro planeta.

Puedes hallar una orientación similar a la de Frankenstein en *El extraño caso del Dr. Jekyll y Mr. Hide* (1886) de Robert Louis Stevenson: el resultado obtenido por Jekyll es la maligna existencia de Hide, o, dicho de otra forma, el aviso de que el camino de la investigación puede llevar a poner en peligro a la Humanidad y que, por lo que respecta al primero, entraña su aniquilamiento: «las investigaciones de Jekyll, en lugar de hacer progresar la medicina, lo envenenan y lo condenan a la muerte» (P. Aquien,

Dr. Jekyll & Mr. Hyde, L'étrange cas du Dr. Jekyll et de M. Gray, p. 70). Un nuevo ejemplo de esta visión está expuesto en la novela de H. G. Wells *La isla del Dr. Moreau* (1896): la crueldad de las operaciones quirúrgicas así como los resultados de las indagaciones que el protagonista realiza en el campo de la genética alertarían de los peligros que puede acarrear una investigación científica que desdeñe valores morales, anticipando, de alguna manera, las reflexiones éticas que en la actualidad se producen a raíz de los descubrimientos en biogenética (piensa en el debate que se ha suscitado recientemente a propósito de algunos alimentos transgénicos). Evoquemos ahora una obra más reciente: la película de Ridley Scott *Blade Runner* (1982). Ambientado en el año 2019 en la ciudad de Los Ángeles, el film cuestiona las consecuencias de un progreso en ingeniería genética que ha conducido a crear unos androides —los replicantes— con el objetivo de que se ocupen de los trabajos arduos en las colonias del espacio. Ellos son prácticamente iguales a los seres humanos pero, para evitar determinados riesgos, se les ha limitado su vida a sólo cuatro años. La rebelión de los androides comportará que un policía (un *blade runner*) sea encargado de retirarlos, es decir, de exterminar a unos seres que, al menos en apariencia, son humanos. Por otra parte, el diseño de esta ciudad, casi siempre oscura y bajo una persistente lluvia, llevaría a conjeturar que en un futuro no muy lejano las condiciones de vida de los seres humanos pudieren no ser especialmente felices precisamente como resultado del progreso científico.

Hay, de hecho, una notable cantidad de películas (muchas de ellas de serie B) cuyo tema son los posibles riesgos asociados a las innovaciones científicas (la última, cuando se escribe esto, es seguramente *Godzilla*). Te proponemos observar dos de ellas. La primera es *La humanidad en peligro*, dirigida por Gordon Douglas en 1954. Su argumento sugiere que, como consecuencia de las pruebas nucleares de la década de los 50 en el desierto de Nevada (EE.UU.), unas hormigas habrían mutado sus genes deviniendo gigantes y comportando, así, una seria amenaza para la existencia del género humano (éste tendría, en la película, tan sólo un año de esperanza al menos que consiga acabar con ellas): «cuando el hombre entró en la era atómica, abrió la puerta a un nuevo mundo. Lo que encontremos en ese nuevo mundo, nadie puede predecirlo». En la segunda, titulada *La cosa* (producción de H. Hawks de 1952), será un ser llegado de otro planeta el que desafíe la supervivencia de los hombres. Lo significativo en este momento es la actitud del científico quien, guiado únicamente por la ambición de conocer («lo único importante es saber», dice), se niega a considerar el riesgo que supone el monstruo: «para la ciencia no hay enemigos, sólo fenómenos que estudiar. La ciencia es más importante que la vida. La única razón de la existencia es pensar, descubrir». El hecho de que los demás expedicionarios decidan enfrentarse al científico y, así, acabar con el extraterrestre simbolizaría que el saber científico, y que acaso también el progreso, no son buenos de una manera absoluta sino que los seres humanos han de someterlos a un decidido control.

Llegamos ahora al final de nuestro recorrido (que ciertamente no ha sido exhaustivo pues también podríamos haber hablado de Platón, Aristóteles, Descartes, Darwin, Marx y otros) habiendo visto diversas consideraciones sobre el progreso: desde la de Hesíodo diríamos, por ejemplo, que el progreso de la humanidad ha supuesto la aparición de agujeros de ozono, mareas negras, etc.; y desde la de Esquilo y Protágoras podríamos estimar que el progreso ha sido efectivamente adecuado para erradicar la viruela. Situados en nuestro presente, cabría apreciar que el progreso implica unas dimensiones que atañen directamente a una reflexión ética que no puede ser soslayada (y que ha de resultar útil también, como señala el reciente Premio Nobel de Economía, Amartya K. Sen —en *Sobre ética y economía*, III, «Bienestar, objetivos y elecciones»—, a propósito del bienestar). Si podría afirmarse que para la civilización occidental el progreso continúa siendo fundamentalmente positivo —de hecho, quizás debamos reconocer que seguimos confiando en un cierto progreso científico que nos pueda evitar el daño de las enfermedades (la vacuna para el SIDA; tratamientos para el cáncer, etc.)—, por otra parte, se va extendiendo también en nuestra cultura una determinada perspectiva que habla del progreso sostenible. Los recursos naturales ya no se ven como inagotables y, aunque se anuncie la posibilidad de obtener al menos algunos de ellos fuera de nuestro planeta (Hegel primero —*Fundamentos de la filosofía del derecho* §248 «La colonización como salida»— y Verne después —*Cinco semanas en globo*— ya habían apuntado la conveniencia de la colonización), se nos está insistiendo bastante en que no deben ser derrochados; es el caso paradigmático del agua (acaso hayas oído alguna vez que en el siglo XXI la causa principal de las guerras será justamente el control sobre ella). Y aunque los gobiernos pueden —y seguramente deberían— involucrarse en estas cuestiones, pudiese ser que se tratase, asimismo, de un compromiso o tarea personal: «posición inadmisible la de aceptar que es lícito hacer todo lo que se puede hacer. Ello sería desconocer los graves daños que determinadas aplicaciones de la ciencia, sin más criterio que la eficacia, pueden provocar en la integridad física o la dignidad de las personas» *(EL PAIS,* «No es "Dolly"», 22-X-1998).

A modo de conclusión, nos gustaría manifestar que nuestro propósito ha sido el de mostrarte algunas de las facetas del progreso para así promover tu espíritu crítico, es decir, la capacidad de reflexionar libremente por ti mismo. Precisamente eso que pretendían promover, entre otros, los Sofistas y también la Ilustración del siglo XVIII.

PARA SEGUIR PENSANDO...

1. Intenta imaginar cómo habían sido tu calle, tu barrio o tu ciudad antes que tú nacieses. Pide, si es posible, a algún familiar (un/a abuelo/a, por ejemplo) que te explique cómo eran esos lugares cincuenta años atrás.
2. Define los beneficios que se han derivado de la *acción prometeica* (puedes utilizar, para ello, una terminología propia de nuestros días).
3. ¿Qué argumentos propondrías para defender el valor del progreso? ¿Y cuáles para criticarlo?
4. Prueba a escribir un breve relato que tenga el tema del progreso como eje principal.
5. Haz una lista de los diez términos que consideres más importantes en este capítulo y ordénalos según el criterio de la frecuencia con que son mencionados por las personas, en la TV, radio, prensa escrita, etcétera.
6. Piensa en posibles situaciones en las que el progreso tecnológico deba ir acompañado de un cierto sentido de justicia y examina si nuestras sociedades son o no cada vez más justas.
7. ¿Qué mejoras y qué retrocesos señalarías en el ámbito de la medicina?
8. Intenta hacer una lista de los riesgos que pueden ir asociados al progreso científico y tecnológico.
9. Compara las figuras de Prometeo y Fausto (cuantos más rasgos encuentres, mejor).
10. Lectura y análisis de (fragmentos de) *La isla misteriosa*, *El extraño caso del Dr. Jekyll y Mr. Hide* y *La isla del Dr. Moreau*.

11. Visionado de los films comentados. Orientaciones para un debate posterior:

EL ENIGMA DE OTRO MUNDO

a) Argumenta, basándote en lo que se expone en la película, la necesidad de que el saber científico esté sometido a algún control.
b) Define la visión del progreso que se deriva de este film.
c) Razona si el científico protagonista de la película sería parecido a los de la realidad o, por el contrario, muy diferente.
d) Imagina cómo sería la sociedad de donde viene el extraterrestre.

LA HUMANIDAD EN PELIGRO

a) ¿Qué papel tendría en la película la voluntad ilustrada de divulgar el saber?
b) ¿Qué visión del progreso puede inferirse de este film?
c) ¿Son verosímiles los peligros que propone esta película?
d) Si has visto también *El enigma de otro mundo*, compara la forma de ser de los científicos protagonistas de una y otra película.

EL PLANETA DE LOS SIMIOS

a) ¿Qué avances tecnológicos se observan en este film?
b) ¿En qué se parecen y en qué se diferencian nuestra civilización y la de los simios?
c) El final del film, ¿crees que presenta una visión pesimista u optimista del progreso? Razónalo.

BLADE RUNNER

a) ¿En qué se asemejan a nosotros los androides del film? ¿Se diferencian en algo?
b) Ese Los Angeles del 2019, ¿en qué se parece y en qué se distingue de nuestras ciudades?
c) ¿Es la acción del *blade runner* justa?

SOBRE GUSTOS HAY MUCHO ESCRITO

AMPARO ZACARÉS PAMBLANCO

¿Te gustan los *graffitis*? No me des una respuesta rápida y fácil, no la hay para lo que suele suscitar polémica. ¿Inspiración de artistas anónimos?, ¿baremos de mala educación?, ¿voz de los sin voz? Ahí están, revelan deseos y frustraciones de un sector de la sociedad, pueden servir de indicadores sobre la libertad de expresión y mostrar las exigencias y demandas sociales del momento. Son *arte callejero*, *literatura del «spray»*. Yo pinto *graffitis*, siento la compulsión de pintar cuando veo una valla en blanco y he ido a fotografiar los que adornan el metro de Roma, lugar de culto para nosotros. Me llamo **ALEX** pero cuando pinto soy **TAIPE.** Entonces me convierto en, ¿cómo decirlo?, un adolescente demasiado honesto conmigo mismo para ser educado o para respetar a ultranza ciertos bienes colectivos y las paredes de la ciudad. Si me sigues voy a contarte una historia que como siempre es *otra* y que, también como todas las historias, ocurrió hace ya mucho tiempo, aunque sólo hayan pasado unos meses; y es que... ¡caben tantos días en un minuto! Además es una historia que puedes leer alternativamente pues unas veces soy Alex y otra Taipe.

I

Siempre pensé que una obra de arte debe fascinar de inmediato y provocar que te pares y que fijes la mirada en ella de forma hipnótica. Me imaginaba en un museo recorriendo pasillos, arriba y abajo, a la derecha, a la izquierda y, de repente, al torcer una esquina, mi ojo de forma espontánea se detenía ante un lienzo y no era capaz de olvidar su belleza. Pero no fue así, llegaba tarde y por eso entré por la puerta trasera. Raúl me señaló una silla para que me sentara cerca de él. La penumbra del aula y el foco del proyector hacia la pantalla, me recordó la oscuridad de la caverna y la ceguera de aquellos extraños prisioneros de los que habló **Platón**.

No sé por qué sentí un vendaval de inquietud, mientras la profesora contaba que aquel cuadro era un óleo inmenso que cautivaba a todos los que visitaban la ***Colección Peggy Guggenheim*** de Venecia. Decía que *El imperio de la luz* de **Giorgio De Chirico** despedía tal atmósfera de rareza e incongruencia que obligaba a averiguar por qué el cuadro se prolongaba hacia el fondo de sí mismo. Decía también que era una composición de varios planos, sumergida en la luz y en el vacío, primero la oscuridad de la sombra de un gran ciprés, luego un extenso trecho luminoso hasta llegar a la fachada de una casa que despedía la única luz, tenue y melancólica, desde una minúscula ventana. Yo veía la diapositiva, pero me imaginaba el lienzo en sus dimensiones reales y sentí que aquella enigmática abertura iluminada me invitaba a querer indagar, averiguar, investigar (¡Uff!) qué había más allá del cuadro, fuera de él, al otro lado. Luego la profesora comentó algo de la prospectiva metafísica y ya me perdí.

Esther levantó la mano y dijo que aquel cuadro le parecía un decorado de pacotilla y que no era para tanto. La profesora hizo un respingo con la nariz, todos sonreímos; estábamos acostumbrados a las intervenciones provocadoras de Esther y mientras encendía la luz, le contestó que saber contemplar era tan importante como saber crear.

—Esther —continuó diciéndole—, para el *espectador* por supuesto, pero también para el *artista*, el arte comienza en la mirada. El arte te exige como punto de partida una teoría de la percepción de lo visible en la que nada es gratuito. El arte es una forma de saber que requiere la **educación del gusto**. Disfrutamos más de las obras cuando conocemos las técnicas que se han empleado y cuando sabemos decodificar los símbolos, el color o los recursos estilísticos que intervienen en la composición. La **experiencia estética** es una actividad cognoscitiva, pero no se trata tan sólo de un adiestramiento racional, sino sobre todo de la **educación de la sensibilidad**. El gusto estético se hace, se educa. Por eso el desarrollo de las artes en un país depende tanto de la genialidad de los creadores como de que exista un alto nivel de cultura artística. Por ejemplo, ¿sabías que el tamaño y el contorno de la superficie cambia el tono y por eso un círculo azul no es lo mismo que ese mismo azul cuadrado? Para **Matisse,** maestro del color, un centímetro cuadrado de azul no era igual que un metro cuadro del mismo azul.

—No sé si se refiere a saber entender o saber ver —comentó Esther con criterio escrutador—. A veces hay cuadros que no entiendo y me gustan y, por el contrario, en otras ocasiones los hay que no me gustan aunque los entiendo.

—Pon un ejemplo —le sugirió la profesora.

—Pues aquellos murales de **Miró** donde predomina la fantasía y el color, o los cuadros de **Mondrian** donde todo son rayas rectas en sentido vertical y horizontal, formando rectángulos y con sólo los tres colores básicos, el amarillo, el azul y el rojo. No hay mucho que entender pero me gustan. También me sorprendieron y asombraron los disparates de **Dalí** que pinta objetos reales pero los combina entre sí de una manera tan extraña o sin sentido que no los entiendo y sin embargo me gustan y divierten mucho.

—Sin embargo hay cuadros que comprendo mejor cuando me los explican y aun así no me gustan nada —ahora era Raquel quien hablaba—. Por ejemplo cuando nos contó cómo en el Renacimiento los artistas del Norte de Europa empezaron a pintar de una manera muy diferente a cómo se hacía en Italia, nos dijo que eran muy detallistas, que usaban colores brillantes y que la crisis religiosa del siglo XVI les llevó a producir pintura no religiosa.

—Por eso los retratos fueron muy populares en aquella época —comenté yo.

—Muy bien, Alex —exclamó la profesora—. Seguro que ahora vas a referirte al retrato conocido por *Boda Arnolfini* —y lo dijo mirando de nuevo a Raquel—, la obra maestra de **Jan van Eyck**. Me acuerdo que criticaste mucho la escena del cuadro.

—Pues sí, yo me fijé en la gran cantidad de detalles que fueron pintados: las zapatillas, la fruta, el pelo del perro y sobre todo en el espejo que hay en el fondo de la habitación donde se puede ver la escena entera reflejada vista por atrás. En este cuadro una zapatilla es una zapatilla y un espejo es un espejo, todo lo contrario de lo que sucede con la pintura de **Dalí,** pero los esposos Arnolfini son más bien feos y están tan inmóviles que me irritan. Este es un cuadro que puedo comprender pero que no me gusta.

—Eres una exagerada —dije.

—¿Por qué dices eso Alex? —me preguntó Irene.

—Pues porque los Arnolfini eran algo cetrinos y cabezones, pero no repugnantes.

II

En estos momentos estás en posesión no de cualquier información, sino de la información que yo te ofrezco. ¿Es válida? ¿Es la mejor? ¿Es incorrecta? Juzga por ti mismo. No es más que la que yo quiero distribuir. Tienes ante ti, más o menos, lo que a mí me gusta.

Además de lo que puedas pensar (lucro, autofama...), una de las razones por las que pinto *graffitis* tiene que ver con aportar todo lo posible a la cultura general. Tengo también otra supuesta intención: exportar al otro lado de nuestras virtuales fronteras el pensamiento hispánico. ¿Qué se sabe de Iberia en otras naciones? Pero quiero que tengas en cuenta que la información que te doy no persigue incitarte a ninguna actividad ilegal, sólo quiero mostrarte un material que es de interés porque constata, con autenticidad, la existencia de mi mundo imaginario. Muchos permanecemos toda la vida prisioneros de las buenas maneras, confundiendo verdad y decoro. Es cierto que hay fórmulas y maneras para convivir y tratarnos, pero cuando la urbanidad se toma demasiado en serio se convierte en lo contrario de la autenticidad. Yo, como adolescente, no puedo evitar sentirme víctima de las reglas, de las costumbres y las conveniencias porque vivo con intensidad la verdad y la virtud. La adolescencia es tiempo de descortesías y rebeldías. Si no soy rebelde mientras soy joven entonces... ¿cuándo voy a serlo?

Comenzaré con algo de historia. Alrededor del nacimiento del **rap,** emerge una organización cultural llamada **Hip Hop** que contenía a los «raperos», bailarines de **break dance** y artistas del *graffiti*. Estos últimos surgieron por la necesidad de darse a conocer. Su lema era «Pinto luego existo». El *graffiti* nace a finales de los años 60 en el marginado barrio de New York conocido como el Bronx. Los escritores de *graffiti* empezaron pintando muros, hasta que comprendieron que si pintaban un vagón de metro, sus obras podían ser vistas por otros escritores en la otra parte de la ciudad. Ya en los 70, el metro era el objetivo principal de los artistas del *graffiti*. Se competía por ver quien se proclamaba rey de la línea, y para serlo tenías que ser el que más veces hubiera escrito su nombre en el vagón. Los escritores se especializaban en «taquear» (firmar), «hacer *throwups*» (dibujar letras de un color), hacer piezas (*graffitis*) y demás variantes como muñecos, logotipos, etc.

En los ochenta, el *graffiti* en el metro alcanzó su máxima importancia, y eran escritores como **Mark**, **Mitch**, **Pjay**, **Die, Killer**, **Dr. Pepper** y **Seen** los que decoraban los grandes laterales de los vagones. Estos escritores hacían «*wholetrains*» (tren entero pintado de arriba abajo, de lado a lado), «*wholecars*» (un vagón entero pintado), «*top to bottoms*» (una pieza de un vagón solo de arriba abajo), «*end to ends*» (tren entero pintado de lado a lado por debajo de la ventanilla) y paneles (pieza entre puerta y puerta). Fue también en los 80 cuando el *graffiti* llegó a Europa. Ciudades como Berlín, París, Roma, Barcelona... aumentaron su nivel de forma rápida. En la actualidad, Barcelona y Madrid son las ciudades con más nivel de España. Aquí tenemos un nivel muy bajo, aquí la gente no pinta murales y escasean los pintores de *graffitis* que se dedican a los trenes, pues Valencia tiene las estaciones más vigiladas del país. Los escritores, entran por la noche en las cocheras, sabiendo que el vigilante está a escasos metros y decoran un lateral del tren. Al día siguiente el tren llega a la estación del Norte y es limpiado rápidamente. También se blanquean todas las «piezas», sea con permiso o sin él, y esto ha hecho que el *graffiti* se convierta en una singular proeza y también en un desafío excitante por la dificultad que entraña.

III

La profesora miró el reloj, se oía barullo en el pasillo. —Antes de terminar la clase —nos dijo— debemos llegar a alguna conclusión. Me parece que para vosotros la belleza del cuadro reside sólo en el ojo del que la contempla. ¿No?

—Sí, claro, yo creo que en gustos no hay nada escrito —dijo David, incorporándose al debate—. Nada es feo ni bello, todo es según del color del cristal con que se mira.

—«Que el blanco sea blanco, que el negro sea negro depende, ¿de qué depende?, según cómo se mire todo depeeeende...» (tarareamos todos a la vez e hicimos rabiar a David que se giró hacia nosotros y nos llamó Jarabe de Palo Desafinado, aunque más que enfadarse se sintió halagado por haber conseguido ser el centro de nuestra atención).

—Vale ya —dijo la profesora—. Estamos a punto de concluir el curso y todavía no sabes distinguir entre *relativismo* y *relativi-*

dad. Alex, ¿qué crees que puede deducirse de lo que ha dicho David?

—Pues que todo da igual —dije—, que es lo mismo que sea azul o amarillo, redondo o cuadrado, todo vale en arte, todo sirve, todo es ni fu ni fa.

—Eso es relativismo, que no es más que admitir que todo conocimiento puede variar de individuo a individuo, de grupo a grupo y de tiempo a tiempo, sin tener ninguna norma objetiva. Pensar así sugiere una lógica que se destruye a sí misma porque, como sabéis, hasta lo más incoherente tiene su propia coherencia. Relatividad quiere decir, por el contrario, que todo guarda sentido en relación con un contexto o a una situación concreta. Lo que produce el artista no podemos aislarlo del momento histórico en el que vive, la belleza no podemos absolutizarla. El arte es un lenguaje y los signos codificados deben ser entendidos por el espectador, y para ello debemos conocer las ideas dominantes y las circunstancias sociales que influyen en el artista. Por ejemplo, no se hubieran levantado templos en Grecia de no haber existido un substrato religioso, y los castillos tienen su universo de referencia en el feudalismo pero son inimaginables en las metrópolis industriales de hoy. El ojo y la mente compiten con iguales derechos en el arte. Por eso os decía que saber contemplar es tan difícil como saber crear. Esther, antes dijiste que en la pintura de **Miró** y de **Mondrian** no había nada que entender, ¿verdad?

—Quise decir que me gustaba, sin más comentarios —mantuvo Esther.

—Te saltaste así la técnica cubista de pintar con figuras geométricas y omitiste que en el siglo XX algunos artistas dejaron de pintar «objetos» y usaron el color y la línea para expresar ideas y sentimientos. La pintura abstracta por ser no figurativa, concentrada en manchas de color, líneas, puntos y manchas oscuras y claras, o bien no se comprende o bien se cree que no hay nada que entender. Es cierto que en el arte abstracto no hay tema concreto pero la línea y el color también hacen pensar y soñar, aunque de manera distinta e independiente del tema del cuadro. **Picasso,** por ejemplo, pensaba objetos, los imaginaba formados por figuras geométricas y los pintaba como vistos desde muchos ángulos diferentes. Deformaba la realidad para fijar la atención del espectador y hacer entrar al objeto en una esfera de percepción nueva, ajena a su utilidad. También los expresionistas gustaban de colores fuertes y cambiaban las formas de las cosas que pintaban, por eso les llamaron *fauvistas*, de *fauve* (fiera). La pintura *fauvista* es simple, instintiva y expresiva. Su líder, como sabes, fue **Matisse,** pero ¿sabías, Esther, que la primera vez que se expusieron sus cuadros en el Salón de Otoño de París, algunos visitantes se mofaban de su simplicidad o se marchaban indignados pensando que les estaba tomando el pelo, y otros hasta quisieron arrancar la pintura de los lienzos? Educar la sensibilidad y la mirada cuesta mucho, no es nada fácil.

—Bueno, no sé si decirlo —dudaba Esther—, pero a veces veo cuadros famosos que podría haberlos pintado un niño y que, en mi opinión, no tienen ningún mérito.

David levantó la mano y quiso intervenir con una gracia a lo Bart Simpson. —Yo apoyo a Esther —dijo—, sólo hace falta volver del revés todos los cuadros modernos y observar si alguien nota la diferencia.

—Parece que sólo vemos la obra de arte desde la relación que el espectador establece con ella, pero también es muy importante analizar la relación existente entre el artista y su obra. En la Grecia clásica el arte reproducía e imitaba la armonía del **mundo exterior**. El artista, más que un creador, era un artesano de cuya habilidad y destreza dependía la ejecución de la obra. El helenismo tendió a reconocer la fantasía y la creación individual, pero el oscuro período de la Edad Media redujo al artista a un mero instrumento de la educación religiosa de la humanidad. Sólo en la Edad Moderna se valorará el talento, la originalidad, la intuición y el **mundo imaginario interior** del sujeto que crea. A partir del Renacimiento italiano los artistas adquirirán prestigio y *status* social, dejando constancia de la autoría de sus obras. En los siglos XIX y XX las vanguardias enfatizan la creatividad en detrimento de la teoría de la **imitación**. En la actualidad existe tal pluralismo de tendencias que se habla de una crisis de **creatividad**, agravada en parte porque la obra de arte es asumida como un bien comercial que más pronto o más tarde queda absorbido por la lógica económica del mercado y adaptada al gusto medio. De alguna manera puede decirse que el arte hoy, en algunos casos, es una mera repetición, de la que se aprovechan ciertos timadores que conocen bien el circuito de la moda.

IV

Para la gente en general el *graffiti* es vandalismo, es sinónimo de ensuciar, es atentar contra algo o alguien. La gente no acepta el aerosol como material de pintura. Cuando estás pintando en la calle, lo normal es que la gente que te ve te insulte o te diga «¿Por qué no haces eso en tu casa?» o «¡Vamos a llamar a la policía!»... El *graffiti* desde el principio ha sido ilegal, pero yo no estoy cometiendo ningún crimen, yo sólo pinto. En la escena general lo que predomina y destaca más es lo no permitido. Pintar un lienzo en casa es lo legal. Cuando ves «*tags*» (firmas) ves lo ilegal, igual que cuando estás sentado en una estación y ves pasar un tren pintado. Cuando alguien empieza intenta hacer algo grande y bonito pero sobre todo hay que «bombardear» (firmar) mucho y hacer muchas «pompas» (letras de dos colores con forma de pompa). Pintar *graffiti* es salir una o dos veces por semana a pintar y evolucionar. La evolución en el *graffiti* es esencial, hay que hacer cosas nuevas. La evolución se logra principalmente fijándose. No es piratear, no confundamos. Yo me fijo mucho, tanto en un enorme mural de **Mode 2**, **Loomit** o **Seen**, quien sea, o cuando voy por la calle y veo un rótulo de «Electrodomésticos José». Lo mío no es imitativo, ni identificativo, ni repetitivo, sino creativo.

La gente que empieza flipa con las obras de los que llevan más tiempo y por esta admiración se crea una posición de jerarquía. Es una situación normal. No es que sea necesaria pero es normal. Cuando aprendes a pintar subes a su *status* con ellos o creas otros niveles paralelos. Hay que conservar una actitud humilde. Si se pierde esa actitud ya la has fastidiado. Aunque uno sea bueno hay que tener respeto hacia la gente y hay que aprender. Ser un buen tío.

Yo iba al cole y veía el *graffiti* por la calle. Cuando fui a 1ª de Bachillerato encontré a un chico que pintaba. Fue entonces cuando me metí un poco en este mundillo. Empecé tarde. Al principio me interesó también el *rap* y eso del *Hip Hop*, pero ahora pinto *graffiti* y ya está. No estoy en la movida ni bailo *break*. En el movimiento *Hip Hop*, el *graffiti* es lo más fuerte, es la fuerza. El *graffiti* por sí solo podría subsistir. En este mundillo veo muchas envidias, mucha competencia y mucho «mira éste». Yo tengo mi mundo propio, pinto y punto. En el 95 sólo me fijaba en el *graffiti* y hacía algunos «*tags*». Por las noches, me iba con un amigo a «bombardear» (firmar). Me paraba en medio de la calle, miraba a todas partes, sacaba mi aerosol y firmaba. En la actualidad, me da igual que la gente me vea, no me preocupo de eso, siento la necesidad de pintar y desaparece todo, estoy solo con mi mundo interior. En el 96, fue cuando realmente empecé a pintar en serio. Salía con mis amigos y escribía mi nombre en letras grandes y de diferentes colores. Fue entonces cuando empecé también a pintar paradas de autobús, cristales de escaparates, camiones, autobuses... Hoy por hoy sigo pintando y no tengo intención de dejar de hacerlo. He mejorado bastante y me sigue gustando el ponerme en medio de la calle, sacar la pintura, escribir mi nombre y, al cabo de unos días, pasar por ahí y poder decir «¡¡Ese, ese es mi nombre!!». Es importante también pintar murales, donde la gente pueda apreciar lo que se puede hacer con el *spray*, y aprenda a tener respeto hacia este tipo de «arte callejero».

Lo malo de los que pintamos *graffitis* es que somos todos unos rencorosos. No soportamos que nadie nos tache las piezas en las que hemos invertido tiempo y dinero. Es por eso por lo que los escritores de *graffitis* nos organizamos en grupos o «*crews*». Cada *crew* tiene un nombre y está compuesto por varios escritores. Si un escritor tacha a otro que no es de su *crew*, se pueden organizar serias discusiones. Pero lo peor de todo son las multas que nos ponen por pintar; suelen ser muy elevadas. La parte buena son los locales o, mejor dicho, los propietarios de los locales. Estos demandan cada vez más el *graffiti* como forma de decoración de fachadas o interiores. Los propietarios de los locales (cafeterías, *pubs*, etc.) se ponen en contacto con nosotros mediante la tienda de pinturas o porque somos nosotros los que los buscamos. Después hacemos un presupuesto, llegamos a un acuerdo y pintamos el local o la tienda. De esta manera nos sacamos algo de dinero y podemos pagarnos esta actividad tan cara.

En estos tres años que llevo pintando, me he dado cuenta de que *graffiti* es sólo un nombre, una etiqueta impuesta por la sociedad, desde Europa hasta América. Los escritores no usamos la palabra *graffiti* para nada, no entra en nuestro vocabulario. Yo me siento sobre todo un creador.

V

El 1 de diciembre de 1962 Jruschev, acompañado por los académicos Serov y Guerasimov, visitó en una galería de Moscú, una exposición de arte moderno. Conforme contemplaba los cuadros aquello le parecía cada vez más una broma de mal gusto, su rostro iba enfureciéndose por momentos hasta que, en un arrebato de cólera, se giró hacia los jóvenes pintores que se encontraban allí presentes y les espetó las siguientes palabras: «Todo esto me hace pensar en un muchacho que se hubiese descuidado encima de la tela y hubiese extendido la mierda con los dedos». Para entender este suceso y la censura y vigilancia que sufrieron aquellos artistas por parte del poder político de la URSS, hay que saber que Jruschev pensaba que el artista, como solicitó **Platón** hace 2.500 años en sus *Leyes,* ha de ser persuadido por el legislador y obligado a orientar su creación según los dictados rectos de la ley. El arte era entendido como un instrumento pedagógico y moral al servicio del Estado. Alex, ¿te acuerdas de cuando estudiamos **Kandinsky**?

—Pues claro —contesté de inmediato—. Era un pintor ruso de finales del siglo pasado y principios del nuestro. ¿No?

—Sí —dijo la profesora—. En 1914 **Kandinsky,** tras la Revolución de Octubre, ocupó diversos cargos que le permitieron dirigir la cultura popular y los talleres de arte del Estado. Sin embargo duró poco. En 1921 abandonó la URSS para regresar a Alemania, donde su obra había tenido una gran repercusión. Se convirtió en profesor de la **«Bauhaus».** Pero cuando la clausuraron los nazis, se instaló en París. Y es que igual hubiera podido hablar del arte planificado de la Alemania hitleriana, porque también en este caso las creaciones artísticas estaban sometidas al compromiso político y la estética supeditada a la ética, como quería **Platón.**

—¿Y qué? —preguntó Irene algo impaciente.

—¿Cómo que «y qué»? Para el arte lo bello no tiene necesidad de ser útil, aunque a veces la percepción de una obra de arte provoque en el espectador un efecto que sobrepasa el simple goce, e incide en la toma de conciencia política, como sucedió con el *Guernika* de **Picasso** quien, a menudo, decía que no hacía pintura para decorar habitaciones. Pero de ahí a decir que la existencia del arte necesita ser justificada por su vinculación a un ideal político, religioso o moral, hay mucho trecho.

—Ahora me he perdido —confesó David—. No sé si he de recurrir a las circunstancias históricas y a las presiones sociales que influyen en el artista o si pasar de ellas.

—Bueno, verás, el arte tiene un dominio **autónomo**. Es cierto que la creación artística está condicionada socialmente, por encargos, gustos de la clientela, obras de otros artistas contemporáneos, circunstancias excepcionales que marcan la biografía del artista, una guerra, por ejemplo. Pero la última palabra la tiene el genio individual. Todos los aspectos de una época, de una sociedad, no implican un determinismo en la génesis de la creación artística. Hay algo que trasciende a esa presión estructural, el arte no es un espejo de lo que ocurre, ni el artista se limita a representar lo que ve, sino que transfigura los datos y las formas visibles. En esa dimensión creadora de lo que se capta y se ve, radica la esencia de la actividad artística.

—¿Y cuándo podemos decir que una obra de arte es mejor o peor que otra? —añadió Raquel.

—Esta pregunta nos conduce a dos teorías enfrentadas entre sí, la del **subjetivismo** frente al **objetivismo.** La **tesis subjetivista** mantiene que la belleza es algo relativo a cada sujeto y que lo que considera bello una persona, una época o un grupo social, no lo es para otros. Todas las afirmaciones sobre la belleza no serían más que preferencias personales; de ahí el refrán «sobre gustos no hay nada escrito». Por el contrario, la **tesis objetivista**, sostiene que una obra de arte posee en sí misma una serie de valores estéticos que hacen que podamos considerarla bella y, por tanto, es indiferente que le guste a una persona o a un grupo social. La belleza según esta teoría, aun cuando es algo inexplicable e indefinible, radica en ciertas propiedades que la obra presenta, que están en ella (unidad, continuidad, variedad, contraste...) y no en el espectador que la contempla. Existe además una **posición intermedia**, la defendida por **Kant.** Para este filósofo, creador de la Estética moderna, los juicios sobre la belleza son subjetivos pero poseen aceptación general. El juicio del gusto, a diferencia del juicio de la ciencia, no puede ser confirmado por la razón porque no hay ningún argumento que te pueda obligar a que te guste lo que no te gusta. Sin embargo, es posible afirmar desde la **intersubjetividad** que algo es bello porque la **imaginación** y el **entendimiento**, facultades que todos poseemos, colaboran juntas al emitir un juicio estético.

—¿Pero por qué las deformaciones, las figuras contrahechas, son consideradas arte? —pregunté yo.

—A estas alturas del curso no haría falta aclarar que el arte no es sólo producción o creación de ***objetos bellos***. La búsqueda de la belleza es un elemento motor en la historia del arte, pero no debemos entender la belleza artística sólo como el esplendor de la forma sino también en otro sentido más próximo a lo que coloquialmente llamamos ***feo***. Por ejemplo, los retratos de **Vincent Van Gogh** parecían feos y por ello el pintor tenía tanta dificultad en encontrar modelos. A éstos les parecía que los afeaba, que los dibujaba mal y que sólo saturaba de pintura los lienzos, y esto ocurría tanto entre las gentes incultas como entre las gentes que tenían una mentalidad abierta a las innovaciones en el arte. Pero más que la forma bella, el arte busca la **forma significativa** que en algunas ocasiones tiende hacia un cosmos ideal de armonías y otras, por el contrario, al mundo del dolor y del sufrimiento. ¿Te acuerdas de las brujas de **Goya**?

—Sí, pero me acuerdo más de los personajes que pinta **Bacon,** de sus autorretratos, de sus desnudos, de sus hombres de negocios, de sus papas…, todos deformados, retorcidos y descolocados —la profesora hizo un gesto de aprobación y de satisfacción.

—Así es, hombres solos en habitaciones vacías, descarnados de un modo brutal. Esa es la forma como **Bacon** encuentra la belleza convulsa que muestra la soledad y la angustia de nuestra época.

VI

Quizás ya hayas descubierto que esta no es una historia de ciudades aunque comience en Venecia, hable de Berlín, de Roma, de París, de Barcelona y de Valencia y finalice en Bilbao. Ni tampoco es una historia de museos ni de pintores. He hablado de mí, de cómo me siento vivo al crear y al imaginar, de cómo saber mirar y contemplar no es algo espontáneo sino aprendido y de cómo la adquisición de conocimientos no tiene por qué ser aburrida: para mí la cultura no es un deber, es un gozo y una autoafirmación. Soy un creador, soy una persona que sabe mirar.

Ahora estoy en la margen izquierda de la ría del Nervión, frente al **Museo Guggenheim** de **Bilbao**. Allí dentro se encuentran obras de los artistas más representativos del arte contemporáneo. Pero el arte no está sólo en su interior; el edificio mismo del museo es también una imponente obra de arte. Ha sido diseñado por el arquitecto **Frank Ghery** y es un compuesto de edificios interconectados y unificados por una inmensa cubierta de titanio. Han pasado cinco meses desde que terminó el curso. Hoy es veintitrés de noviembre y estoy con mi amigo Patxi. Hemos venido a ver la exposición de **Robert Rauschenberg**. Son 246 obras que ocupan casi todas las salas del museo. Hemos tenido la suerte de ver al autor. Parecía un turista más, con su americana y sus zapatillas deportivas, un larguirucho de setenta y tres años que desplazaba los ojos por la retrospectiva de su obra con el mismo impulso dinámico con el que pintó, esculpió, realizó *collages,* inventó *combines* y creó montajes escénicos. He mirado sus cuadros, pero no puedo definirlos haciendo una lista de lo que hay en ellos. Por asociación recordé el *pop–art* de **Andy Warhol**, y recordé cómo para este pintor un bote de Coca-Cola o una fotografía de Elvis

Presley se convertían de inmediato en una forma de arte que surgía de todo lo que estaba al alcance de todo el mundo, pero que nadie había visto porque para eso había que saber mirar. El recuerdo de lo que sabía del *pop-art* me ayudó a apreciar y comprender las obras de Rauschenberg, pero no fue suficiente para encontrar la belleza. Me parece demasiado simple fundar la experiencia de lo bello en una forma de saber académico, es casi una provocación que me invita a rechazar la lógica cultural dominante. Un cuadro se convierte en lo que es de acuerdo a cómo mantiene unidas las cosas, las pinceladas, o a cómo no consigue mantenerlas unidas. A veces me llega un momento de gracia y me asombro al descubrir que aquella pincelada no es un color, ni un tono, y entonces no puedo creer lo que ven mis ojos, ya no pienso, ya no calculo, sino que me dejo llevar por una realidad inexplicable hecha colores que las palabras no pueden describir. Mi ojo evolucionó, encontró en el arte la posibilidad de una experiencia distinta del mundo. Pero sobre todo distingue con nitidez entre lo que le enseñaron a ver y lo que averiguó por sí mismo.

VII

Informe de Tutoría.
Fecha: 16 de diciembre de 1998.

ALEX es un alumno participativo en clase, de movimientos reposados y tranquilos y, a menudo, permanece abstraído, yo diría que ilocalizable en un mundo interior propio tan insondable como críptico. **TAIPE** añade a su gesto una razón de índole estética y otra de carácter ético. Le oímos en clase y su discurso no fue un elogio a la barbarie, sino a la creatividad y a la defensa de la propia identidad. No estoy segura de que se deba ir tan lejos para reivindicar la autenticidad pero cabe reconocer que, para saber de uno mismo, se necesita valor y esfuerzo y que si a todos nos resulta difícil encontrar el justo medio, ni por exceso, ni por defecto, ni temerarios, ni cobardes, sólo valientes, lo es más para aquellos adolescentes que descubren que ser demasiado obedientes les impide crecer.

Fdo: La Tutora.
Curso: 2º de Bachillerato. Grupo C.

PARA SEGUIR PENSANDO...

1. En el texto que has leído se dice que «*saber contemplar es tan importante como saber crear*». Hay además otras frases que sintonizan con esta idea. Localízalas y explícalas.

2. En el texto se citan diversos pintores. Elige uno, investiga sobre su obra y cuando hayas reunido suficientes datos, enfréntate a uno de sus cuadros haciendo un ejercicio de contemplación estética. Distingue entre las cualidades de la obra y las sensaciones que te produce. Redacta tu experiencia estética y comunícala.

3. Reconstrucción de un itinerario personal. En 1990 como continuación de la exposición de **Velázquez,** celebrada en el **Metropolitan Museum of Art de Nueva York,** el **Museo del Prado de Madrid,** museo velazqueño por excelencia, organizó una macroexposición de este «pintor de pintores». Fue un éxito, la gente se concentraba a la puerta del museo desde las seis de la madrugada, como sucede en los conciertos de rock, una multitud esperando entrar para ver, en este caso, reyes, papas, princesas, bufones... ¿Has ido alguna vez a un museo? ¿Cuál es tu actitud cuando paseas por las salas de un museo? Cuéntanos tu experiencia. A continuación comenta el siguiente texto:

   «La gente va cada vez más a los museos y no sale decepcionada. ¿Qué es lo que les fascina? A modo de respuesta: el arte o la historia del arte o la crítica de arte. Ignora, creo yo, lo esencial.

   En los museos de pintura nos encontramos con lo visible de otras épocas y esto nos acompaña. Nos sentimos menos solos frente aquello que nosotros mismos vemos aparecer y desaparecer todos los días. Hay tantas cosas que siguen siendo iguales: los dientes, las manos, el sol, las piernas de las mujeres, el pescado...; en el reino de lo visible, todas las épocas coexisten fraternalmente, aunque estén separadas por siglos o milenios. Y cuando la imagen pintada no es una copia sino el resultado de un diálogo, la cosa pintada habla, si nos paramos a escuchar.»

   John BERGER: *Algunos pasos hacia una pequeña teoría de lo visible*. Árdora exprés, Madrid, 1997, pp. 47-48.

4. Comentario de texto. Lee el siguiente texto y contesta a las siguientes preguntas. ¿Por qué se dice que «es un mito moderno ese del artista que está por encima de ciertas funciones, de ciertas necesidades vulgares». ¿Qué siglos se mencionan? ¿Qué distingue al artesano del artista?

«El artista siguió siendo un artesano hasta que, en el siglo XVI, comenzó su ascensión hacia lo que podríamos llamar el «Olimpo del artista» siguiendo las huellas de **Miguel Angel Buonarroti** y **Tiziano Vecellio**. Miguel Angel, pintor, escultor y arquitecto, llega a gozar de tal estima entre sus contemporáneos que se puede permitir rechazar un comitente como el sumo pontífice. Y Tiziano Vecellio es el pintor ante el cual Carlos V se inclinó para recogerle un pincel del suelo. Episodio tal vez legendario, pero aun así significativo del nuevo papel que en el siglo XVI asume el artista en la sociedad.

En otros tiempo, el artista hacía de todo: barajas, por ejemplo. Tenemos mazos de *tarocchi* lombardos fechados en el siglo XV y realizados por artistas de primera línea. (...) Los artistas, en realidad, se prestaban a pintar las cosas más curiosas, y muy a menudo en los documentos se especifican con minuciosidad los temas que debían reproducir en tablas y frescos.

Existe un documento lombardo en el que el comitente ordena al pintor que haga el retrato de sus perros y agrega: "Que se vea muy bien que mis perros llevan collares de oro". El artista, en fin, hacía de todo. Es *un mito moderno* ese del artista que está por encima de ciertas funciones, de ciertas necesidades vulgares. Un artista también diseñaba la decoración de pasteles, una práctica que se mantuvo concretamente hasta el siglo XVII. Como ya he recordado, entre las producciones más extraordinarias de **Gian Lorenzo Bernini** se enumeran algunas tartas colosales, que primero se exponían y después se comían en los banquetes de la aristocracia pontificia. Se trata de esculturas de nata montada, gelatina, bizcochos. Se conservan grabados boloñeses que muestran esos pasteles elaboradísimos y, dada la facilidad con que se pueden modelar ciertas sustancias como la gelatina o la nata montada, es lícito imaginar que estuviesen entre las creaciones plásticas más prestigiosas del barroco.»

ZERI, *Detrás de la Imagen. Conversaciones sobre el arte de leer el arte. Tusquets. Barcelona, 1987, p. 249.*

5. Debate: ¿Qué diferencia hay entre decir «esto me gusta» o «esto es bello»?

6. Investigación de prensa. Recoge datos periodísticos y noticias en general sobre las exposiciones pictóricas que se estén realizando en tu ciudad.

7. Confección de una columna acróstica. Los objetivos de esta actividad son aprender el campo semántico de las palabras a través de la dinámica grupal, utilizar con corrección, oralmente y por escrito, términos relacionados con el arte, y disfrutar de una actividad lúdica.

   El desarrollo de esta actividad comprende las siguientes fases:

   a) Moderada por el profesor/a se lleva a cabo una «lluvia de ideas», escribiendo en el centro de la pizarra la palabra CREATIVIDAD.
   b) Los alumnos/as van anotando las palabras y eligen una que será la palabra clave.
   c) La clase se subdivide en pequeños grupos que trabajarán en el diseño de la columna acróstica. Pueden utilizar el diccionario para escribir la definición adecuada.
   d) Finalmente se exponen e intercambian las palabras y sus definiciones hasta que todos los grupos confeccionan el pasatiempo, resultando una columna acróstica por grupo.

Ejemplo:

PALABRA CLAVE: ARTE

Palabras seleccionadas

1. Con la letra A: Creatividad, canon, estética, comunicar.
2. Con la letra R: Reflejar, armonía, contraste, Rembrandt.

3. Con la letra T: Objetivismo, subjetivismo, Magritte, plástica.
4. Con la letra E: Esteticismo, belleza, técnica, Objetivismo.

Definiciones:

1. Regla o precepto a seguir.
2. Famoso pintor holandés, gran retratista, autor de setenta autorretratos.
3. Teoría que mantiene que el juicio estético depende exclusivamente del receptor.
4. Armonía que causa deleite.

1. _ [A] _ _ _

2. [R] _ _ _ _ _ _ _ _

3. _ _ _ _ _ [T] _ _ _ _ _ _

4. _ [E] _ _ _ _ _

Soluciones: 1. Canon. 2. Rembrandt. 3. Subjetivismo. 4. Belleza.